Henning Boëtius Christa Hein

Die ganze Welt in einem Satz

Sprach- und Schreibwerkstatt für junge Dichter

Christa Hein, geboren 1955, ist Schriftstellerin. 1992 nahm sie am Ingeborg-Bachmann-Wettbewerb in Klagenfurt teil, sie veröffentlichte zahlreiche Romane und erhielt diverse Auszeichnungen. Nach längerem Aufenthalt in den USA, wo sie als Übersetzerin und Dozentin für Creative Writing arbeitete, lebt und arbeitet sie heute in Berlin.

Henning Boëtius, geboren 1939, studierte Philosophie, Physik, Literaturwissenschaft und promovierte über Hans Henny Jahnn. Er hat zahlreiche Bücher geschrieben, unter anderem den in 16 Sprachen übersetzten Roman *Phönix aus Asche.* Bei Beltz & Gelberg erschien von ihm zuletzt *Die Geschichte der Elektrizität* (nominiert für den Deutschen Jugendliteraturpreis).

Henning Boëtius   Christa Hein

Die ganze Welt
in einem Satz

Sprach- und Schreibwerkstatt
für junge Dichter

Mit Illustrationen von Karoline Kehr

BELTZ
& Gelberg

www.beltz.de
© 2010 Beltz & Gelberg
in der Verlagsgruppe Beltz · Weinheim Basel
Alle Rechte vorbehalten
Illustrationen im Innenteil und
auf dem Einband: Karoline Kehr
Einband: Franziska Walther
Neue Rechtschreibung
Satz und Typografie: Antje Birkholz
Druck: Beltz Druckpartner, Hemsbach
Bindung: Druckhaus »Thomas Müntzer« GmbH, Bad Langensalza
Printed in Germany
ISBN: 978-3-407-75349-6
1 2 3 4 5   14 13 12 11 10

Inhalt

10. Geschichten sind wie Häuser 183

In einem fremden Land:
Was wären wir ohne Sprache?

Stell dir vor, du findest dich wieder auf einem Platz, den du noch nie zuvor gesehen hast: Die Häuser sehen anders aus als die, die du kennst, die Bäume haben merkwürdige Formen. Auf dem Platz stehen Menschen. Du gehst zu einer Gruppe und fragst: »Wo bin ich eigentlich?« Sie sehen dich groß an, dann fangen sie an zu sprechen, aber du verstehst kein Wort. Du gehst weiter und stellst anderen die gleiche Frage – aber keiner versteht dich und du verstehst keinen. Was für ein Schock! Was für ein Albtraum ist das! So kann es einem gehen, wenn man in ein Land reist, dessen Sprache man nicht spricht. Vielleicht hast du sogar etwas Ähnliches schon einmal erlebt.

Aber es hätte noch schlimmer kommen können: Stell dir jetzt vor, es gäbe überhaupt keine Sprache! Wir hätten keine Wörter, für nichts! Nicht für Bett und nicht für Eiscreme, nicht für Vater oder Tante, nicht für Schwimmbad oder Klassenarbeit, nicht für morgen oder gestern, nicht für Nagellack oder Freundschaft oder gemütlich oder cool oder Fußball. Kannst du dir ausmalen, wie trostlos leer eine solche Welt wäre? Wir hätten keine Wörter, um uns zu orientieren, wir könnten keine Geschichten erzählen; wir wüssten nicht, was früher einmal war oder was an anderen Orten der Welt gerade geschieht. Wir hätten auch keine Vorstellung von der Zukunft. Wir könnten unsere Träume und Gefühle nicht ausdrucken, keine Wünsche oder Absichten äußern. Wir könnten keinen einzigen Gedanken fassen, kein Buch lesen, mit keinem Freund reden. Zum Glück aber gibt es die Sprache! Sie ist eine wahre Magierin. Sie kann

Unsichtbares vor unser inneres Auge zaubern und Dinge und Bilder beschwören; sie kann uns helfen, uns selbst zu verstehen und uns anderen verständlich zu machen, unseren Ärger auszudrücken oder unsere Begeisterung. Sie kann uns in träumerische oder aufgeregte Stimmung versetzen. Sie kann uns nachdenklich machen oder unbeschwert. Sie kann uns in der Fantasie zurückkreisen lassen, zurück ins Mittelalter – genauso wie an den Nordpol.

Dieses Buch handelt von der Sprache. Wir wollen mit Wörtern und Sätzen spielen und experimentieren. Wir wollen ausprobieren, wie man Ideen und Bilder, die man im Kopf hat, so formuliert, dass andere sie nachvollziehen können. Wir wollen aufmerksam werden auf unsere Umgebung, genau sehen und hören, schmecken und riechen, fühlen und beobachten lernen. Wir wollen die Momente in ihrer Eigenart erfassen lernen: spannende Momente und unheimliche, schöne und lustige, solche, die uns froh machen oder vielleicht auch traurig. Wir wollen lernen, wie man die treffenden Wörter dafür findet, etwas Erlebtes noch einmal entstehen zu lassen. Wer sich genau ausdrücken kann, kommt weiter. Wer etwas lebendig darstellen kann, überzeugt. Und nicht zuletzt ist Schreiben ein spannendes Abenteuer – für jeden, und natürlich besonders für den, der vielleicht einmal Schriftsteller werden will.

Wir alle benutzen die Sprache im Alltag, jeder auf seine Weise – aber greifen wir einfach zu den nächstbesten Wörtern, die uns gerade einfallen. Hast du mal darüber nachgedacht, wie viel du damit verschenkst? Wie viel von dem, was Sprache so interessant und schön machen kann? Dieses Buch wird dir Augen und Ohren dafür öffnen. Obendrein wirst du eine Menge interessante Dinge über dich selbst herausfinden: wozu du neigst, was dir besonders liegt, was du automatisch machst und was dir gerade deshalb auch entgeht.

Du kannst dieses Buch selbstständig und ohne fremde Hilfe benutzen. Der Text bewegt sich vom Kleinen zum Großen hin, beginnt mit den Buchstaben und landet bei Geschichten. Für vieles findest du Beispiele, außerdem Wissenswertes »am Wegesrand« und praktische Tipps und Lesetipps. Vor allem aber eine Menge spannende Fragen und Aufgaben, die du lösen kannst. Sie sind so gestellt, dass du dabei immer deine eigenen Ideen verfolgen kannst. Einiges lässt sich auch zusammen mit anderen ausprobieren. Und das Beste daran ist: Es gibt kein ›Richtig‹ oder ›Falsch‹, vielmehr lernst du zu erkennen, dass jede Lösung eine ganz bestimmte Wirkung hervorbringt. Die am besten passende auszuwählen, darauf kommt es schließlich an.

Kann man eigentlich lernen, Schriftsteller zu werden? Auf diese Frage gibt es nur eine Antwort: Das ist ein großes Ziel, und niemand kann dir garantieren, dass du es erreichst. Du kannst aber auf jeden Fall dein Gespür für Sprache verbessern, deinen Wortschatz erweitern und lernen, einen Text zu gestalten. Erfahrungen, Techniken, genaue Kenntnis des Materials sind immer Voraussetzung für gute Ergebnisse, ganz egal, ob man Autor, Sologeiger, Maler, Tennisprofi, Schauspielerin oder Koch werden will. Jeder Weg zu einem Ziel besteht aus einzelnen Schritten – und die müssen gegangen werden. Du wirst erleben, dass das viel Spaß machen kann. Und wenn man meint, am Ende angekommen zu sein – wer weiß: Vielleicht eröffnen sich wieder ganz neue Wege!

Anmerkung:

Es finden sich in diesem Buch zahlreiche Fragen, Aufgaben, Spiel-ideen und Anregungen, die mit 🖐 gekennzeichnet sind. Hier kannst du selber aktiv werden. Wenn du dieses Zeichen siehst 🖐🖐, können mehrere Personen mitmachen. Steht hinter der Aufgabe ein ☆, dann findest du Lösungen und Lösungsangebote am Ende des jeweiligen Kapitels. Bei 🖊 gibt es Tipps rund um das Thema Sprache, Lesen und Schreiben.

1. Spitz und Spatz

Die einfachsten und kleinsten Bausteine, aus denen ein Text besteht, sind die Buchstaben. Das Wort ›Buchstabe‹ stammt von den alten Germanen, die ihre Schriftzeichen in einen Buchenstab geritzt haben, um damit zu zaubern. Und wirklich, mit Buchstaben kann man magische Dinge tun. Schon einer allein kann ein Wort zum Klingen bringen. Wie viel mehr können sie, wenn sie sich zusammentun zu Wörtern, Sätzen, Texten.

 Wie viele Buchstaben gibt es?*

 Es gibt zwei Sorten von Buchstaben. Welche sind es?*

 Wodurch unterscheiden sie sich?*

Klänge und Farben

Um den Umgang mit der Sprache zu vereinfachen, haben wir das Alphabet. Zu jedem Buchstaben gehört ein bestimmter Klang. Unsere Stimme kann natürlich viel mehr Klänge erzeugen. Aber ähnlich klingende Laute wie ein langes und ein kurzes e werden zu einem einzigen Buchstaben zusammengefasst. Das reicht zur Unterscheidung immer noch aus. Es sind vor allem die Vokale a, e, i, o, u, die die Sprache zum Klingen bringen. Und daher ist es wichtig, sie richtig einzusetzen, damit ein Text später nicht langweilig und monoton klingt. Beschäftigen wir uns also zunächst mit den Vokalen, denn es gibt im Deutschen nicht ein einziges Wort ohne einen Vokal.

 Suche Wörter, in denen ein oder mehrere Vokale vorkommen.⁎

 Findest du Wörter, in denen sogar alle Vokale vorkommen? Du kannst dir auch welche ausdenken.⁎

 Jetzt versuch einmal, die Vokale auf engstem Raum unterzubringen.⁎

 Wer schafft die meisten in einer bestimmten Zeit?

Was Vokale alles in einem Text anrichten können, zeigt das berühmte Lied von den drei Chinesen mit dem Kontrabass. Es klingt wie ein Chinesenrap.

Drei Chinesen mit dem Kontrabass /
saßen auf der Straße und erzählten sich was. /
Da kam die Polizei: »Ja, was ist denn das?« /
Drei Chinesen mit dem Kontrabass.

 Sing es mal (oder lass es dir vorsingen).

 Lass nun jeweils nur einen Vokal im Text vorkommen. Das gibt einen ganz besonderen Klang.⁎

 Welche Fassung klingt deiner Meinung nach am ungewöhnlichsten?

14

Male die drei Chinesen mit dem Kontrabass in jeder Vokal-
fassung in einer anderen Farbe.

Den Gedanken, dass zu bestimmten Vokalen bestimmte Farben passen, hatte vor langer Zeit ein ganz junger französischer Dichter namens Arthur Rimbaud (1854-1891). Er sagte einmal, als er gerade 16
Jahre alt war:

»Ich erfand die Farbe der VOKALE«, und er schrieb, um das zu
beweisen, ein Gedicht mit dem Titel »Les Voyelles«. Übersetzt heißt
das »Die Vokale«. Es beginnt mit folgender Zeile:

a schwarz, e weiß, i rot, u grün, o blau: Vokale

In diesem Gedicht verknüpft Rimbaud Bilder mit den einzelnen Vokalen. Das a zum Beispiel mit schwarzen Fliegen, beim e sieht er
einen Alpengletscher, beim u denkt er an ein grünes Meer. Das wirkt
vielleicht verrückt. Aber er hat tatsächlich mit Klängen gemalt und
so Klangfarben geschaffen.

 Würdest du zu den Vokalen andere Farben wählen? Welche?
Was für Bilder fallen dir dazu ein? Male sie.

Über kurz oder lang

Der gleiche Buchstabe kann durchaus verschieden klingen, je nachdem, in welchem Wort er auftaucht. Das gilt besonders für die
Vokale. Mal werden sie kurz und flach ausgesprochen, mal richtig
gedehnt und voll klingend, so etwa wie eine Flöte kurze und lange
Töne spielen kann.

Hier ein paar Beispiele:

a Abend, nackt

e Engel, Egel

i Apfelsine, Sinne

o rot, flott

u Uhu, Unke, Apfelmus, Organismus

 Schreibe eigene Beispiele und unterstreiche jeweils den Vokal, der lang gesprochen wird.

In jedem Falle gilt: Wörter mit langen Vokalen fallen besonders auf. Sie bringen einen Text richtig zum Klingen. Das gilt z. B. für Namen wie ›Viola‹ oder ›Juliane‹.

 Lass dir ein paar klangvolle Namen einfallen.

Auch ganz normale Wörter können durch Vokale eine besonders starke Klangwirkung erhalten. Zum Beispiel:

Frisur   Rasur   Korea
Koriander   Indianer

Manchmal lohnt es sich, in einem Text das klangvollere Wort auszusuchen. Statt Haarschnitt also Frisur.

Versuche, Wörter zu finden, die schon als einzelnes Wort besonders klingen.⸪

 Wer findet die meisten in kürzester Zeit?

Der besondere Klang der Vokale

Man spricht sie mit offenem Mund. Deshalb muss man ja auch »a« sagen, wenn der Arzt einem in den Mund gucken will. Weil beim Vokal der Mund offen bleibt, kann die Atemluft aus der Lunge ungehindert an den Stimmbändern vorbeiströmen. Dabei schwingen sie wie Gitarrenseiten und dadurch entsteht ein langer Laut. Er kann so lang gehalten werden, wie man Luft in der Lunge hat.

 Probier mal mit dem Sekundenzeiger aus, wie lange du es schaffst, ein i oder ein o zum Klingen zu bringen!

Weil sie so lange klingen können und das für sich ganz allein, nennt man Vokale auch *Selbstlaut*, Stimmlaut oder Freilaut.

Den Vokalen eng verwandt sind noch drei andere Buchstaben:

 Welche könnten das sein?⸪

 Wie nennt man sie?⸪

Sie heißen so, weil sie vor langer Zeit durch die Nachbarschaft eines folgenden Vokales klanglich verändert, ›um-gelautet‹ wurden. Das i war der Schuldige. Es hat durch seinen hellen Klang das a zu ä, das o zu ö und das u zu ü gemacht. Vielleicht ist das ja der Grund, dass wir diese Umlaute heute noch immer als ein bisschen ungewöhnlich empfinden. Auffällig sind auch die *Doppellaute* (Diphthonge). Sie sind oft besonders interessant und klangvoll. Manchmal klingen sie auch ein wenig komisch oder lustig, weil sie aus zwei Vokalen bestehen.

 Welche Doppellaute gibt es?⁎

 Bilde Wörter, in denen Doppellaute vorkommen.⁎

 Beobachte vor dem Spiegel die Bewegung deiner Lippen, wenn du die verschiedenen Vokale, Umlaute und Doppellaute sprichst.

Es kommt also auf kleinste Feinheiten der Lippenstellung an. Macht man da Fehler, kommt es zu schlampiger Aussprache, zum Nuscheln. Man sollte unbedingt üben, deutlich zu sprechen.

Aber nicht nur für den Klang, auch für die Bedeutung eines Wortes sind Vokale entscheidend. Man sieht das an den folgenden Wörtern:

Wert–Wort

Mulde–Milde

Mast–Mist–Most

 Finde weitere Wortpaare, bei denen die Vokale den entscheidenden Unterschied ausmachen.

Hier ist ein Gedicht, das mit diesem Wechsel spielt:

SPITZ UND SPATZ
Ein Spatz sitzt auf dem Baum am Platz.
Da kommt ein Spitz dazu.
Er hebt das Bein am Baum am Platz
Der Spatz sieht dabei zu.

Der Spitz sieht oben nicht den Spatz,
da sagt der Spatz ganz spitz:
Hey, Spitz, das ist nicht nett von dir,
der Baum ist mein Besitz!

Da blickt der Spitz zum Spatz im Baum
Auf dem Platz und sagt sehr spitz:
Spatzen und Spitze, die mögen sich nicht,
und das ist nun mal kein Witz.

Normalerweise muss ein Vokal mit anderen Buchstaben gemeinsam auftreten, um eine Bedeutung auszudrücken. Es gibt allerdings Ausnahmen. Einige Vokale haben es geschafft, dass sie manchmal schon etwas bedeuten können, wenn sie ganz alleine auftreten. Stellen wir uns folgende Szene vor:

Vier Leute betrachten einen Sonnenuntergang. Der eine ist begeistert, der Zweite ist verwundert, der Dritte angeekelt, weil er Sonnenuntergänge nicht leiden kann, und der Vierte bekommt Gänsehaut, weil er sich vor Sonnenuntergängen gruselt.

 Wie können die vier das mit einzelnen Vokalen ausdrücken?*

Um den langen Vokal der gesprochenen Rede in einem Text deutlich zu machen, hängt man oft ein h an oder verdoppelt den Vokal.

Die Anlehnungsbedürftigen

Die zweite Buchstabengruppe des Alphabets sind die Konsonanten. Es ist schon fast tragisch, dass das Wort ›Konsonanten‹ vier wohlklingende Vokale enthält. Manche Konsonanten sind ziemlich sperrig, manche ganz schön ruppig, wie das k oder das z. Aber es gibt auch ganz weiche unter ihnen wie das l und das n. Und alle sind sehr anlehnungsbedürftig. Immer haben sie einen Vokal an der Seite, ohne den sie nicht leben können, deshalb nennt man sie auch *Mitlaut.*

Einige Konsonanten klingen ganz kurz: d, t, p. Bei ihnen wird die ausströmende Luft durch die Lippen oder die Zunge plötzlich gestoppt, sodass es manchmal fast ein wenig ›knallt‹. Andere klingen lang, wie das l, das s, das n oder das m. Beim n, l, s bleibt der Mund offen. Das gilt aber nur für die Lippen. Achte auf deine Zunge. Sie ist es, die gegen den Gaumen drückt und den Mundraum so weit zumacht, dass kein voller Selbstlaut entstehen kann.

 Gibt es noch andere Konsonanten, bei denen es genauso ist? Stell dich vor einen Spiegel und beobachte deine Lippen!⋇

 Und was ist beim h los? Da ist der Mund offen wie bei den Vokalen, aber etwas ist anders. Was ist das?⋇

 Und was passiert, wenn du erst n und dann m sagst?⋇

Konsonantenschwärme

Jedes Wort im Deutschen hat mindestens einen Vokal. Es gibt keine Wörter, die nur aus Konsonanten bestehen. Ein Vokal aber kann mit unterschiedlich vielen Konsonanten auftreten. Hier zum Beispiel das u:

Du	(1 Vokal plus 1 Konsonant)
Gnu	(1 plus 2)
Kurz	(1 plus 3)
Schub	(1 plus 4)
Schutz	(1 plus 5)

 Schreib solch eine Liste auch für die anderen Vokale. Kann man womöglich noch mehr Konsonanten um einen Vokal versammeln (1 plus 6), einen ganzen Konsonantenschwarm also?⁕

In anderen Sprachen dagegen können die Konsonanten ganz unter sich bleiben – so hat es jedenfalls den Anschein. Die Einheimischen von Wales, einem Land im Südwesten von Großbritannien, sprechen eine seltsame, uralte Sprache: das Walisisch. In ihr gibt es ellenlange Wörter mit vielen Konsonanten und nur einem einzigen Vokal. Da findet sich bei Ortsnamen sogar das Verhältnis 1 plus 10 und mehr. Wie ist es möglich, solche komischen Wörter wie Hwlffordd, ein Ort an der Küste im walisischen Südwesten, überhaupt auszusprechen? Die Waliser wenden hier einen einfachen Trick an: Manche Konsonanten werden wie Vokale ausgesprochen. Das w z. B. wie ein u.

Das große Tamtam

Wie mit den Vokalen lassen sich auch mit den Konsonanten interessante Klänge erzeugen. Zum Beispiel durch das wiederholte Auftreten desselben Buchstabens. Nehmen wir mal den ersten Konsonanten des Alphabets, B. Brombeeren. Bildband. Bierbauch. Butterblume.

Man hört deutlich, wie das Wort durch das B jeweils einen besonderen Klang bekommt. Das gilt natürlich auch für andere Konsonanten. Zum Beispiel das L. Lola. Lila. Leichtlebig. Liebeslied.

 Finde Beispiele für andere Konsonanten.※

 Wer findet die meisten in drei Minuten?

Wenn Vokale und Konsonanten durch den wiederholten Gleichklang zusammenwirken, entstehen besondere Effekte, wie bei diesen Wörtern:

Kuckuck   Unumwunden

In Ulm, um Ulm, um Ulm herum

 Gibt es weitere, ähnliche Beispiele?

Man kann die Klangeigenschaft von Vokalen und Konsonanten in Texten wirkungsvoll einsetzen. Etwa, wenn man eine besondere Aufmerksamkeit auf bestimmte Wörter richten möchte. Oder um eine Stimmung zu verstärken. Dies geht – wie vorher bereits gesehen – durch die Verdoppelung des Klangs in einem Wort, aber auch durch die Kombination mehrerer Wörter mit ähnlichem Klang.

Hier ein paar Beispiele:

Plakat Salat   Haus Maus

Schnee Buffet   Masse Klasse   Traum Baum

 Schreibe ähnliche Kombinationen auf.

 In einem zweiten Schritt soll das Wortpaar in einen Zusammenhang mit anderen Wörtern gestellt werden. Vielleicht entsteht ein kleiner Vers, vielleicht ein Wortspiel?※

 Sammle Wörter, die dir besonders gefallen, schreib sie in ein Heft oder auf Zettel, die du in eine Schachtel wirfst. So entsteht allmählich dein ganz persönlicher ›Wortschatz‹, in dem du stöbern kannst, wenn dir für eine Geschichte interessant klingende oder seltene Wörter fehlen.

Ein berühmter Hilferuf

Wir haben gesagt, dass Konsonanten in Texten nie ohne die Gesellschaft von Vokalen vorkommen. Es gibt allerdings eine Ausnahme.

 Fällt dir ein, welche es ist?※

Bei Abkürzungen haben einzelne Buchstaben eine bestimmte Bedeutung. Sie sind also mehr als Klang und Ausdruck, sie enthalten eine Information, die man aber nur dann herausfindet, wenn man ihre Bedeutung kennt.

Sammle Abkürzungen und schreibe sie auf.

Natürlich können Abkürzungen auch Vokale enthalten. Eine ist sogar besonders berühmt und war sogar einmal lebenswichtig.

 Wie heißt sie?*

Dieses Kürzel steht für »Save Our Souls« und heißt übersetzt »Rettet unsere Seelen«. Das war der Notruf, den die Funker von sinkenden Schiffen gesendet haben. Sie haben dafür das Morsealphabet benutzt. S sind drei Punkte. O drei Striche. Dazwischen wurde keine Pause gemacht. So ging es viel schneller und konnte auch bei gestörtem Empfang leichter verstanden werden. Man kann selber ganz leicht ausprobieren, wie SOS klingt, indem man mit dem Finger auf die Tischplatte klopft: ... --- ... Dazu spricht man: Dididi-DaDaDaDididi (Das ›i‹ muß kurz und das ›a‹ lang gesprochen bzw. geklopft werden). Das ergibt einen ganz bestimmten Rhythmus.

 Hier nun noch ein kleines Buchstabenspiel: Wir wollen mit Buchstaben wie mit Murmeln spielen. Die Vokale sind die Murmeln. Die Konsonanten bilden eine kleine Mulde, in die wir die Murmeln rollen lassen. Beispiel: M.....r. Welche Vokale kann man in dieses Loch hineinrollen lassen? (Es sind auch Umlaute, Doppellaute und Doppelvokale erlaubt.)*

 Bilde andere Konsonantenmulden, wobei du auch mehr als zwei Konsonanten verwenden kannst, und wirf Vokale hinein. Es müssen aber immer sinnvolle Wörter sein, wie z. B. Schl....mm.*

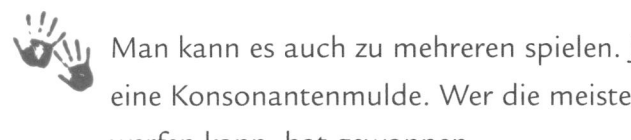 Man kann es auch zu mehreren spielen. Jeder baut sich eine Konsonantenmulde. Wer die meisten Vokale in sie werfen kann, hat gewonnen.

Warum haben wir heute überhaupt ein Alphabet?

Das Wort ›Alphabet‹ kommt von den ersten beiden Buchstaben des griechischen Alphabets: Alpha, Beta. Im Deutschen sagt man entsprechend: das Abc. Alphabetische Schriften haben sich durchgesetzt, weil sie mit wenig Zeichen auskommen, aus denen man alle Wörter zusammensetzen kann. Jeder Buchstabe entspricht dabei einem Laut. Miteinander kombiniert ergeben die Laute ein Wort.

Das war nicht immer so. Die ersten Schriften, die sich vor 5000 Jahren entwickelten, bestanden aus symbolischen Bildern, den Piktogrammen, die dem ähnlich sahen, was sie bedeuten sollten. Das Wasser zum Beispiel war eine Wellenlinie, die Sonne ein Kreis. Bei den vielen Dingen, die es auf der Welt gibt, ist eine solche Schrift natürlich sehr umständlich und schwer zu lernen, denn man braucht eine Unmenge solcher Piktogramme. Die Hieroglyphen der Ägypter sind ein Beispiel für eine solche Bilderschrift.

Um es leichter zu haben, versuchten die Menschen, die Schriftzeichen von dem zu lösen, was sie bedeuten sollten. Dabei entstanden Schriften wie die chinesische. Mit 50.000 unterschiedlichen symbolischen Zeichen war sie immer noch sehr schwer zu lernen und umständlich zu gebrauchen. Heute noch muss ein Chinese rund 2000 verschiedene Zeichen lernen, um seine Sprache einigermaßen lesen zu können. Zum Vergleich: Wir brauchen nur 26 Zeichen zu lernen!

Der nächste Schritt waren die Silbensprachen. Silben sind nach den Buchstaben die nächstgrößeren Einheiten. Sie haben wie die Buchstaben ein bestimmtes Aussehen und einen bestimmten Klang. Wenn man sie als kleinste Einheit einer Schriftsprache einsetzt, braucht man nur noch zwischen fünfzig und einigen Hundert Zeichen. Silbenschriften entstanden vor rund 2500 Jahren auf Kreta und breiteten sich von dort nach Griechenland aus. Man ahnt schon, was der nächste Schritt war: Die Erfindung eines Alphabets! Buchstabenschriften kamen in vielen Gegenden fast gleichzeitig mit den Silbenschriften auf, aber sie setzten sich gegen diese durch, weil sie einfacher und effektiver waren. Die Runen der Germanen sind zum Beispiel eine alphabetische Schrift. Sie entwickelte sich im 2. Jahrhundert n. Chr. und hat 24 Zeichen, deren Linien sich leicht in Holz oder Stein einritzen ließen. Am wichtigsten wurden die Alphabete der nordsemitischen Sprachen, aus denen das hebräische, aber auch das arabische Alphabet hervorging. Aus ihm entstand dann das griechische Alphabet, und das wieder wurde die Grundlage für das lateinische und alle anderen westlichen Alphabete, also auch für unser deutsches Alphabet.

Auflösungen aus dem 1. Kapitel »Spitz und Spatz«

S. 13
※ Sechsundzwanzig, sie bilden das Alphabet.
※ Es gibt fünf Vokale und einundzwanzig Konsonanten.
※ Sie hören sich verschieden an.

S. 14
※ Zum Beispiel: Hitzestau
※ Zum Beispiel: Ostereiersammlung, ultrahocherhitzt, Limousinendach
※ Zum Beispiel: Zitronenblau, Viola und Sven, Liva und Ole, Schade um Omi
※ Das geht so: a   Dra Chanasan mat dam Kantrabass ...
               e   Dre Chenesen met dem Kentrebess ...
               i   Dri Chinisin ...
               o   Dro Chonoson ...
               u   Dru Chunusun ...

S. 17
※ Zum Beispiel: Traum, Trauer, Horizont, Gelächter, Mandarine, Weinstock, Seide
※ ä ö ü
※ Umlaute

S. 18
※ Ei, eu, ie, äu, au, ai, ui
※ Zum Beispiel: Scheu, Moin, Käufer, Eierbecher, Mauerblümchen

S. 19
※ Der Erste sagt »Ah!«, der Zweite: »Oh!«, der Dritte: »Iih!«, und der Vierte »Uuh!«.

S. 20
※ r, t, k, g...
※ Es entsteht kein Ton, weil die Stimmbänder nicht schwingen. Es entsteht nur ein Lufthauch.
※ Einmal sind die Lippen geöffnet, einmal geschlossen.

S. 21
※ Zum Beispiel: Schmatz (1 plus 6)

S. 22
✳Zum Beispiel: Tontopf, Tamtam, Tutu, Klingelknopf, Flussfliege, Bettenburgen, Kirschkern

S. 23
✳Etwa so:
Die Hausmaus lebte gar nicht schlecht, ihr war ihr Leben sogar recht.
Das Plakat an der Wand zeigt Salat mit Schmand.
✳Abkürzungen

S. 24
✳SOS
✳Zum Beispiel: Meer, Moor, mir, Mauer
✳Zum Beispiel: Schlamm, schlimm.

2. Silbenmusik

Vom Einsilber zur Wortschlange

Silben sind Klangeinheiten, die meist aus mehreren Buchstaben bestehen, mindestens aber aus einem Vokal. Eine Silbe selbst kann man nicht weiter auftrennen. Sie ist ein geschlossenes Ganzes. Es gibt zwei Arten: echte Silben, die allein für sich genommen nichts bedeuten, und solche, die schon ein Wort darstellen.

 Worin liegt der Unterschied der beiden Silben ›ich‹ und ›sil‹?*

 Stelle zwei Silbenlisten her, für jede Art eine.*

Die meisten unserer Wörter sind mehrsilbig. Sa-lat hat zum Beispiel zwei Silben, wie auch Spar-gel. Tisch-de-cke hat drei Silben. Tep-pich-bo-den vier, Ba-de-an-stal-ten fünf, genauso wie But-ter-brot-pa-pier.

Der Klang der Silben wird wie bei den Buchstaben durch einen Luftstrom erzeugt, der an den Stimmbändern vorbei aus dem Mund strömt. Das Ende einer Silbe erkennt man daran, dass man diesen Luftstrom kurz anhalten kann, ehe man weiterspricht. Diese kleinen Pausen unterteilen ein Wort in seine Silben.

 Probiere es am Wort ›Silbenmusik‹ aus. Aus wie vielen Silben besteht es? Wo kannst du Pausen machen?*

Wo kannst du folgende Wörter trennen: Abendrot, Wasserfall, Autokino?⁎

Beim wirklichen Sprechen muss man natürlich nicht am Ende jeder Silbe eine Pause machen. Das würde auch ziemlich komisch klingen. Eine Pause macht man gewöhnlich nur am Ende der letzten Silbe eines Wortes.

 Betätige dich jetzt als Silbenschmied und finde Wörter mit drei, vier, fünf oder vielleicht sogar mehr Silben.

 Was schätzt du, wie viele Silben man zu einem langen Wort aneinanderhängen kann, dass immer noch einen Sinn ergibt? Was ist der Rekord? Es ist ein ziemlich verrücktes Wort mit 48 Buchstaben …⁎

 Finde heraus, wie viele Silben es hat, indem du es dir laut mit Pausen zwischen den Silben vorsprichst.⁎

Wir können ein solches Superwort eine Wortschlange nennen, weil viele einzelne Wörter aneinandergehängt sind, die aber immer noch einen Sinn ergeben.

 Findest du andere Wortschlangen?

 Wer findet die meisten Wortschlangen in einer bestimmten Zeit?

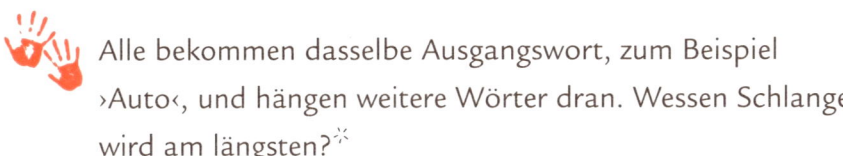 Alle bekommen dasselbe Ausgangswort, zum Beispiel
›Auto‹, und hängen weitere Wörter dran. Wessen Schlange
wird am längsten?

Das Wanzenlied

Hier jetzt ein kleines Lied, das weniger vom Inhalt als vom Klang der
Silben lebt. Kennst du es?

> Auf der Mauer, auf der Lauer
> sitzt 'ne kleine Wanze
> Auf der Mauer, auf der Lauer
> sitzt 'ne kleine Wanze
> Seht euch nur die Wanze an
> wie die Wanze tanzen kann!
> Auf der Mauer, auf der Lauer
> sitzt 'ne kleine Wanze

Und jetzt verliert die Wanze ein Beinchen. Aus Wanze wird Wanz.
Entsprechend ändert sich tanzen zu tanz:

> Auf der Mauer, auf der Lauer
> sitzt 'ne kleine Wanz
> Auf der Mauer, auf der Lauer
> sitzt 'ne kleine Wanz
> Seht euch nur die Wanz an
> wie die Wanz tanz kann!
> Auf der Mauer, auf der Lauer
> sitzt 'ne kleine Wanz

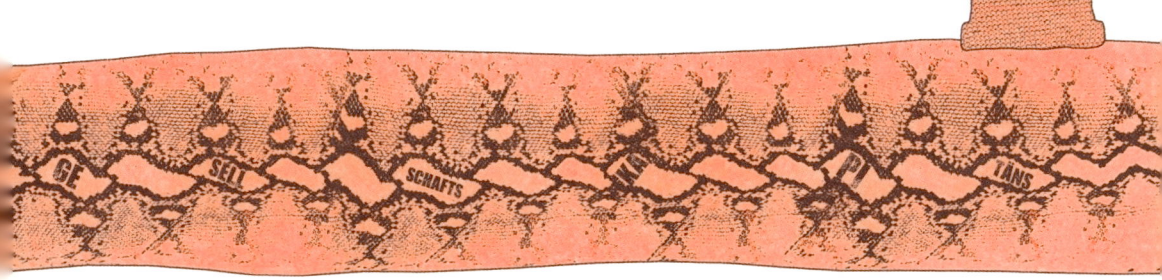

Und wieder geht ein Beinchen verloren:

Auf der Mauer, auf der Lauer
sitzt 'ne kleine Wan
Auf der Mauer, auf der Lauer
sitzt 'ne kleine Wan
Seht euch nur die Wan an
wie die Wan tan kann!
Auf der Mauer, auf der Lauer
sitzt 'ne kleine Wan

Auf der Mauer, auf der Lauer
sitzt 'ne kleine Wa
Auf der Mauer, auf der Lauer
sitzt 'ne kleine Wa
Seht euch nur die Wa an
wie die Wa ta kann
Auf der Mauer, auf der Lauer
sitzt 'ne kleine Wa

Auf der Mauer, auf der Lauer
sitzt 'ne kleine W
Auf der Mauer, auf der Lauer
sitzt 'ne kleine W
Seht euch nur die W an
wie die W t kann
Auf der Mauer, auf der Lauer
sitzt 'ne kleine W

Am Ende verschwindet die Wanze ganz aus dem Lied:

Auf der Mauer, auf der Lauer
Sitzt 'ne kleine ...
Auf der Mauer, auf der Lauer
Sitzt 'ne kleine ...
Seht euch nur die ... an
wie die ... ... kann!
Auf der Mauer, auf der Lauer
Sitzt 'ne kleine ...

Das Verrückte bei diesem Spielgesang ist folgendes: Obwohl die Silben immer weniger werden, erkennt man noch, was gemeint ist. Man hört die Wanze immer noch, und sieht, wie sie auch ohne Beine tanzen kann. Gerade durch diese Verkürzungen bekommt das Lied etwas Magisches, etwas von einem Zauberlied.

Silbenzauber

Das Zaubern mit dem Klang von Silben hat die Menschen schon immer fasziniert, Kinder genauso wie Erwachsene. Das liegt daran, dass Silben in ihrer Funktion zwischen den Buchstaben und den Wörtern stehen. Sie sind eine Art Bindeglied. Klang und Bedeutung sind bei ihnen besonders eng verbunden. Bei Zaubersprüchen, bei Abzählversen, Kinderreimen und bei Zungenbrechern wird ebenfalls mit diesen Eigenschaften gespielt:

Simsalabim

Abrakadabra

Hokuspokus fidibus, dreimal schwarzer Kater

Fällt dir an diesen drei Zaubersprüchen etwas auf? Schreibe sie dazu anders auf, indem du ihre Silben untereinanderstellst. Was wird jetzt deutlich?※

Sim	A	Ho	Fi
Sa	bra	kus	Di
la	Ka	Po	bus
bim	Da	kus	
	bra		

Gereimte Texte kann man leichter auswendig lernen und behalten als ungereimte. Sie haben etwas Eindringliches, Beschwörendes. Das macht sie auch für Zaubersprüche gut geeignet. Ein Zauberspruch erzeugt wie durch ein Wunder eine Verwandlung. Der Zauberer berührt mit seinem Stab einen leeren Zylinder, sagt ›Simsalabim‹ und schon zieht er ein weißes Kaninchen aus dem Hut. Auch wenn das nur ein Trick ist und das Wort ›Simsalabim‹ keine echte Zauberkraft hat, klingt es für uns immer noch magischer als gewöhnliche Wörter wie ›Reißverschluss‹ oder ›Kapuzenjacke‹.

 Und wie steht es mit dem Zauberspruch »Sesam, öffne dich«?※

»Sesam, öffne dich« kommt zwar ohne Reim aus, doch das Wort ›Sesam‹ hat einen ganz besonderen Klang. Es ist ein Losungswort, ohne Bedeutung, es ist reine Silbenmusik. Und nur deshalb verfügt es über magische Kräfte. Es ist der Klangschlüssel, mit dem Ali Baba in einem der »Märchen aus 1001 Nacht« zum Schatz der vierzig Räuber vordringen kann.

Denke dir eigene Zaubersprüche aus, mit denen du etwas weghexen willst, die Schulaufgaben zum Beispiel, oder etwas herbeihexen willst, die Ferien zum Beispiel.

Abzählverse, Schlaflieder, Zungenbrecher

Als Nächstes ein Blick auf die Abzählverse. Auch sie sind voller Silbenmusik:

> Lirum, larum, Löffelstiel,
> wer das nicht kann,
> der kann nicht viel ...

 Kennst du noch andere Abzählverse? Schreibe sie auf!

Auch bei Schlafliedern kommt es weniger auf den Inhalt an als auf den Klang. Sie sollen schließlich ein kleines Kind beruhigen und einschlafen lassen. Hier das vielleicht bekannteste:

> Eiapopeia, was raschelt im Stroh?
> Die Gänschen gehn barfuß und hab'n keine Schuh
> Der Schuster hat Leder, kein Leisten dazu
> so kann er den Gänslein auch machen keine Schuh

Auch die sogenannten Zungenbrecher leben von Silbenmusik:

> Fischers Fritze fischt frische Fische.
> Frische Fische fischt Fischers Fritze.
>
> Zwischen zwei Zwetschgenzweigen saßen
> zwitschernd zwei zwitschernde Schwalben.

Bei den Zungenbrechern kommt es nicht auf Endreime an, sondern auf den Stabreim *(Alliteration)*. Hierbei haben aufeinanderfolgende Wörter immer die gleichen Anfangsbuchstaben (Zw...).

 Kennst du noch andere Zungenbrechertexte?
Schreibe sie auf!

 Erfinde selber einen!

Zaubersprüche von heute

 Wo spielt die Alliteration heute noch immer eine große Rolle?※

Werbesprüche sind die Zaubersprüche von heute, sie sollen die Kunden zum Kaufen bewegen (gleich, ob sie das Ding brauchen oder nicht). Und die Erfahrung zeigt: Wenn der Spruch gut ist, kann man damit so ziemlich alles verkaufen.

 Bestimmt kennst du Werbesprüche, die heute gängig sind.
Schreibe ein paar von ihnen auf.

 Wer kennt die meisten Werbesprüche?

 Welche Werbesprüche arbeiten besonders stark mit Alliterationen?※

Denke dir eigene Sprüche aus und mache Werbung für:

Radiergummi	Zahnpasta
Vogelfutter	Bücher
Handys	MP3-Player

 Denke dir Sprüche aus für Produkte, von denen man nicht glauben mag, dass jemand sie kaufen würde. Zum Beispiel ein altes Schulheft. Oder vergammelten Eiersalat.

 Wer findet den besten Spruch für ein bestimmtes Produkt?

 Und nun probier einmal das Umgekehrte. Eine Werbung für etwas, das man nach diesem Spruch garantiert nicht mehr kaufen will.

Alliterationen sind auch wunderbar dazu geeignet, schmackhafte Buchstabensüppchen und knackigen Klangsalat zu kochen:

> Zecken zwischen Puderzucker,
> Zicken im Salat,
> Zackenbarsch im Zuckertopf
> Der Koch, der macht Spagat!

 Denke dir ähnliche Speisekarten und Rezepte aus und schreibe sie auf.

Kunst- und Kofferwörter

Silbenmusik kann sehr verführerisch sein. Plötzlich hört man Wörter, die gar nicht existieren, nur weil sie so ähnlich klingen wie andere. Probier es selbst aus und lies dir dazu die drei folgenden Wörter laut hintereinander vor:

Alle drei Wörter sind aus zwei Hauptwörtern zusammengesetzt. Abend-Stern, Morgen-Stern. Aber wie ist es beim dritten: Zwergel-Stern? Was sind denn Zwergel? Kleine Zwerge etwa?

 Findest du die Lösung?[※]

Der Grund für die Verwirrung, die zu interessanten Kunstwörtern wie ›Zwergel‹ führt, ist die falsche Betonung und Zuordnung von Silben. Wie der Stabreim ist auch dies ein Mittel der Silbenmusik. Ein weiteres Beispiel:

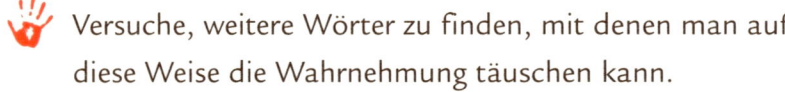

 Wodurch entsteht dieses seltsame dritte Wort?[※]

 Versuche, weitere Wörter zu finden, mit denen man auf diese Weise die Wahrnehmung täuschen kann.

Der englische Schriftsteller Lewis Carroll (1832–1896) hat in seinem berühmten Kinderbuch »Alice im Wunderland« das ›Kofferwort‹ erfunden. Dabei wird ein neues, bisher unbekanntes Wort aus Teilen zweier bekannter Wörter gebildet. Man legt Teile in einen Koffer, klappt ihn zusammen und hat einen neuen Begriff:

Motel aus Motor und Hotel
Fußballade aus Fußball und Ballade
Teuro aus teuer und Euro
Jein aus Ja und Nein

Markennamen bekannter Produkte sind manchmal Kofferwörter. Adidas ist zum Beispiel aus dem Spitznamen und der ersten Silbe des Nachnamens des Firmengründers Adolf Dassner kombiniert: Adi-Das. Hier kommt es wieder sehr auf den Klang, die Silbenmusik, an. Der Markenname muss ja in chinesischen Ohren genauso einprägsam klingen wie in russischen, amerikanischen oder deutschen.

 Erfinde deine eigenen Kofferwörter.

»Jabberwocky«

Lewis Carroll war ein wahrer Meister der Silbenmusik. In seinem Buch »Alice hinter den Spiegeln« von 1871 steht das berühmte Unsinnsgedicht »Jabberwocky«. Darin schafft er es, sinnlose, frei erfundene Wörter so einzusetzen, dass man meinen könnte, sie hätten doch eine Bedeutung. Allein der Klang ihrer Silben lässt sie zu lebendigen Wortwesen werden.

Es brillig war. Die schlichte Toven
Wirrten und wimmelten in Waben;
Und aller-mümsige Burggoven
Die mohmen Räth' ausgraben.

»Bewahre doch vor Jammerwoch!
Die Zähne knirschen, Krallen kratzen!
Bewahr' vor Jubjub-Vogel, vor
Frumiösen Banderschnätzchen!«

Er griff sein vorpals Schwertchen zu,
Er suchte lang das manchsan' Ding;
Dann, stehend unterm Tumtum Baum,
Er an-zu-denken-fing.

Als stand er tief in Andacht auf,
Des Jammerwochen's Augen-feuer
Durch tulgen Wald mit Wiffek kam
Ein burbelnd Ungeheuer!

Eins, Zwei! Eins, Zwei! Und durch und durch
Sein vorpals Schwert zerschnifer-schnück,
Da blieb es todt! Er, Kopf in Hand,
Geläumfig zog zurück.

»Und schlugst Du ja den Jammerwoch?
Umarme mich, mien Böhm'sches Kind!
O Freuden-Tag! O Halloo-Schlag!«
Er schortelt froh-gesinnt.

Es brillig war. Die schlichte Toven
Wirrten und wimmelten in Waben;
Und aller-mümsige Burggoven
Die mohmen Räth' ausgraben.

Wie sieht ein Jubjub-Vogel aus? Beschreibe und male ihn!

 Erfinde eigene Wortwesen.

 Das könnt ihr auch zu mehreren. Erfindet einen Zoo aus Wortwesen, welche Eigenschaften haben sie?

Silbenmusik ist also wichtig, ganz egal, ob du Sachtexte oder Geschichten schreibst. Denn sie bildet immer einen Klangteppich, auf dem sich die Bedeutungen bewegen. Viele ganz normale Wörter können dabei zu einer Art Zauberwort werden, das Wort ›Liebe‹ genauso wie das Wort ›Baum‹, alle haben etwas vom Sesam an sich, der einen Wortschatz erschließt.

 Lies dir deine Sätze laut vor, vielleicht schon beim Schreiben und noch mal, wenn du den Text fertig geschrieben hast. Achte dabei genau auf den Klang. Manchmal spielt unbeabsichtigt eine Silbenmusik mit, die eigentlich eher stört. Vielleicht lässt sie deinen Text monoton werden oder hektisch, wo es gar nicht angebracht ist. Vielleicht ist sie aber gut und könnte noch verstärkt werden. In jedem Fall: Sie aufzuspüren kann sehr wichtig für die Gesamtwirkung deines Textes sein.

Auflösungen aus dem 2. Kapitel »Silbenmusik«

S. 29

✴︎ ›Ich‹ ist ein Wort mit einer bekannten Bedeutung. Aber zugleich auch eine abgeschlossene Klangeinheit, also eine Silbe. ›Sil‹ dagegen ist eine echte Silbe, ohne Bedeutung.

✴︎ Echte Silben sind: sil, wör, ber, ter, sol, et, deu
Einsilbige Wörter sind: der, du, schutz, nein, ja, salz, mond, ich

✴︎ Sil - ben - mu - sik. Also, ein viersilbiges Wort.

S. 30

✴︎ A-bend-rot   Was-ser-fall   Au-to-ki-no

✴︎ Donaudampfschifffahrtsgesellschaftskapitänsmütze

✴︎ Dreizehn

S. 31

✴︎ Gesucht werden Wörter wie zum Beispiel: Autobahnraststättenpersonal, Autobahnraststättenpersonalaufenthaltsraum

S. 34

✴︎ Sie reimen sich.

✴︎ Er ist nicht gereimt, aber er klingt gut.

S. 36

✴︎ In der Werbung

✴︎ Zum Beispiel: Geiz ist geil. Kittekatt.

S. 38

✴︎ Das dritte Paar heißt richtig gesprochen Zwerg-Elstern.

✴︎ Indem man das vertraute Wort Blumentopf-Erde falsch betont oder ausspricht. Eine neue Bedeutung scheint zu entstehen.

3. Im Reich der Wörter

Was Wörter alles können

Mit Geräuschen und Tönen lässt sich bereits
eine ganze Menge ausdrücken. Der Seufzer
eines Menschen kann bedeuten: »Du schon
wieder! Lass mich doch endlich zufrieden!«
Hunde sagen durch Knurren und Bellen:
»Du verschwindest besser aus meinem Revier,
du Eindringling!« Katzen teilen durch
Schnurren mit, dass sie sich wohlfühlen,
Vögel warnen oder locken durch Zwitschern
und Singen, ja wir haben sogar im Frühling
manchmal den Eindruck, dass das Vogel-
konzert Ausdruck reiner Lebensfreude ist:
»Endlich ist der Winter vorbei!«

Doch wenn es um mehr geht, darum
zum Beispiel, weshalb man etwas will, um
Befehle, die komplizierter sind als »Hau
ab!« oder »Komm her!«, oder darum, seine
Meinung zu sagen, Neuigkeiten zu verbreiten,
Gefühle oder Erkenntnisse zu äußern, dann
reichen Geräusche und Töne nicht mehr aus.
Etwas anderes muss hinzukommen: die Bedeutung. Und deren Träger sind die Wörter –
die natürlich selbst auch wieder klingen, manchmal sogar wie bellende Hunde oder schnurrende Katzen.

Das Reich der Wörter ist groß und voller Überraschungen. Jedes Wort hat eine Bedeutung und steht für etwas. Das heißt, dass man sich mit Wörtern die ganze Welt herbeiholen kann. Wörter sind es, die uns etwas im wahrsten Sinne des Wortes be-greifen lassen, auch wenn wir etwas nicht direkt anfassen (greifen) können. Sie machen die Dinge sichtbar, fühlbar, hörbar und fassbar, sogar Unfassbares. Betrachten wir sie genauer.

Manche Wörter sind wie Schauspieler. Wenn sie auf die Bühne treten, ist sofort etwas los. Man versteht nicht nur, was sie sagen sollen, man erlebt es auch. Das gilt zum Beispiel für Wörter wie Purzelbaum. Oder Tausendsassa.

 Kennst du weitere, die ähnlich stark auftreten?⁕

Andere Wörter sind dank ihrer Fähigkeit zur Lautmalerei echte Krachmacher. Sie knallen und zischen, wie ein Knallfrosch oder eine Rakete.

 Finde Beispiele.⁕

Manche Wörter kreischen und quietschen, wie die Bremsen eines einfahrenden Zuges im Bahnhof oder Kreide auf der Tafel.

 Finde Beispiele.⁕

Andere Wörter treten ganz leise auf. Sie flüstern oder rascheln.

 Finde Beispiele.⁕

Manche Wörter piksen und kratzen wie ein nach der Wäsche einge-
laufener Wollpullover.

 Finde Beispiele.⁎

Andere Wörter dagegen wirken weich und sanft und angenehm.

 Welche zum Beispiel?⁎

Manche Wörter scheinen selbst lecker zu schmecken, bei anderen
schüttelt es einen.

 Finde Beispiele.⁎

Manche Wörter scheinen zu duften, andere stinken, einige wirken
beruhigend, andere aufregend.

 Probier's!

Eines jedenfalls gilt für alle Wörter: Keines ist haargenau wie das andere. Jedes hat sein eigenes Gewicht. Und jedes ist aus einem bestimmten Grund auf der Sprachwelt. Deshalb muss man so viel wie
möglich über sie wissen.

Zum Glück gibt es beinahe unendlich viele verschiedene Wörter,
und wir müssen keine Angst haben, dass sie uns eines Tages ausgehen werden. Dafür aber verlangen sie von uns, dass wir sie richtig
behandeln: Wir müssen sie genau erfassen und verstehen, sie an der
richtigen Stelle einsetzen und nicht unter zu vielen anderen Wörtern
begraben.

Wortschätze

Je mehr Wörter man kennt, desto größer ist der Wortschatz, den man im Kopf hat, und je größer der Wortschatz ist, desto mehr Möglichkeiten hat man, sich auszudrücken. Und das ist etwas sehr Kostbares. Insofern stimmt das Wort ›Wortschatz‹ genau.

Wir gebrauchen Wörter täglich, und oftmals sind es die immer gleichen, die wir benutzen. Das lässt viele Wörter belanglos werden. Sie werden stumpf und uninteressant. Oft fällt uns das nicht einmal auf. Für einen Schriftsteller aber sind die Wörter das einzige Material, mit dem er arbeitet –, und Material ist kostbar. Für ihn ist es wichtig, alle Wörter wieder ganz neu anzusehen und zu erleben. Dazu muss er unter der abgenutzten Oberfläche eines Ausdrucks seine ursprüngliche Kraft und Frische aufspüren und ihn wieder zum Glänzen bringen. Nehmen wir als Beispiel ein Wort wie Rose, das mit vielen Vorstellungen und Bildern belastet ist (Symbol für Liebe, für Treue) und häufig strapaziert wird in Werbung (Valentinstag) und Romanen. Der Schriftsteller kann es sich aber nicht leisten, auf ein solches Wort zu verzichten. Er kann nicht einfach Wörter aussparen, nur weil sie zu oft verwendet werden.

Wie man dieses abgenützte Wort neu erfinden kann, zeigt die amerikanische Schriftstellerin Gertrude Stein (1874–1946) in ihrem berühmten Gedicht »Rose«.

Rose
Is a rose
Is a rose
Is a rose

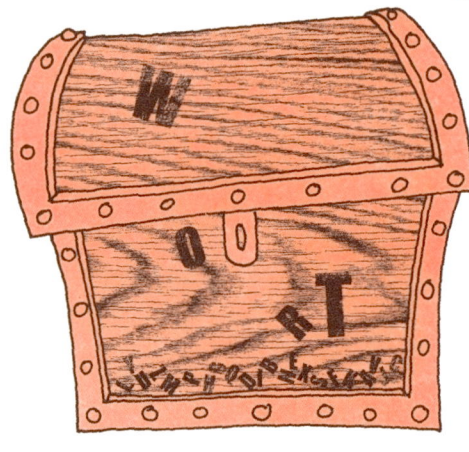

46

Das versteht man, auch wenn man nur wenig Englisch kann: *Rose ist eine Rose ist eine Rose ist eine Rose.* Das erste Wort scheint ein Name zu sein. Das Mädchen Rose ist eine Rose. Das wäre noch nicht besonders, aber durch die dreifache Wiederholung verändert sich das Wort ›Rose‹, wird immer einprägsamer, immer frischer. Man hört es als Wort wieder neu, beginnt über es nachzudenken und sieht plötzlich wieder die Blüte hinter dem Wort, die Farben, riecht den Duft. Das Mädchen und die Blume sind ein und dasselbe geworden.

 Experimentiere mit anderen Wörtern, die uns sehr vertraut sind, zum Beispiel mit ›Brief‹, ›Baum‹, ›Himmel‹. Du wirst feststellen, dass es nicht mit allen gleich gut funktioniert.

Es kommt beim Schreiben also darauf an, den ursprünglichen Glanz, der sich in abgenutzten Wörtern verflüchtigt hat, neu zu entdecken. Vielleicht helfen dir die folgenden Zeilen, diese Idee immer im Hinterkopf zu behalten:

> Wenn die Wörter einfach so
> Auf einem Haufen liegen
> Dann sehen alle gleich aus.
> Doch kaum heb ich eins auf
> Da platzt die Alltagshülle
> Und es ist irgendwie
> Besonders.

 Suche dir Wörter aus dem großen Haufen aller möglichen Wörter. Was steckt vielleicht noch unter deren Alltagshülle? Lassen sich Funken daraus schlagen? Zum Beispiel poetische Bilder oder interessante Zusammenhänge?

Realität und Fiktion

Jeder weiß, wie viel Macht das Wort ›Rumpelstilzchen‹ im gleichnamigen Märchen hat. Und genauso weiß jeder, wie viel Macht in dem Wort »Schlafenszeit!« steckt. ›Rumpelstilzchen‹ ist ein Wort aus dem Reich der Fantasie, ›Schlafenszeit‹ aus der Wirklichkeit.

Für die Wörter spielt es keine Rolle, in welcher Welt sie sich befinden. Sie können beiden Welten angehören. Sie können sowohl Fiktionen (Ausgedachtes) als auch Realität (Wirklichkeit) entstehen lassen. Sie können also *Realität* beschreiben. Beispielsweise erfassen sie einen Gegenstand (einen Spiegel), eine Stimmung (unheimlich), eine Bewegung (rasant), ein Gefühl (traurig) oder einen Ort (Wald) und geben uns ganz genaue Information. Besonders viel Wirklichkeit findet sich in Texten wie Sachbüchern, in Berichten, in Reisebeschreibungen, in Tagebüchern, in Zeitungsartikeln.

Die Beschreibung von Realität muss nicht trocken sein, sondern kann höchst spannend und geheimnisvoll wirken. Dies gelingt dem großen Naturforscher Alexander von Humboldt (1769-1859), der in seinem Buch »Kosmos« eine seltene Naturerscheinung beschreibt wie ein Romanschriftsteller:

Wenn das Zodiakallicht eben am stärksten
gewesen war, so wurde es bisweilen wenige
Minuten nachher merklich geschwächt, bis es
plötzlich in seinem vollen Glanze wieder auftrat.
In einzelnen Fällen glaubte ich, – nicht etwa
eine rötliche Färbung, oder eine untere bogen-
förmige Verdunklung, oder gar ein Funken-
sprühen, wie es Mairan angibt, – wohl aber
eine Art von Zucken und Flimmern zu bemerken.

48

Aber Wörter können auch das Unmögliche möglich machen: Ausgedachte Welten wirken ganz normal! In einem solchen Fall erzeugen sie *Fiktionen*. Märchen oder Fantasyromane, aber auch einfach Literatur, die von frei erfundenen Personen und Geschehnissen handelt. Dafür ein Beispiel von Clemens Brentano (1778–1831) aus »Gockel, Hinkel und Gackeleia«:

Der König von Gelnhausen wohnte damals nicht in der Stadt, sondern eine Meile davon in seinem schönen Lustschloss Kastellovo, auf Deutsch Eierburg; denn das ganze Schloss war von lauter ausgeblasenen Eierschalen errichtet, und in die Wände waren bunte Sterne von Ostereiern hineingemauert. (...) Das Dach der Eierburg aber war in Gestalt einer brütenden Henne wirklich von lauter Hühnerfedern zusammengehalten, und inwendig waren alle Wände eiergelb ausgeschlagen.

Realität und Fiktion gehen oft ineinander über. So könnte der Text von Humboldt auch aus einem Science-Fiction-Roman stammen. Ein Märchentext wie der von Brentano ist auf seine Weise eine realistische Beschreibung einer ausgedachten Welt. Humboldt macht sich die Faszination zunutze, die von ungewöhnlichen Wörtern wie ›Zodiakallicht‹, ›Zucken‹ und ›Flimmern‹ ausgeht. Bei Brentano gibt es ein Schlüsselwort, das den ganzen Text beherrscht und ihm seine Originalität verleiht: ›Eierschalen‹.

 Versuche, eigene verrückte Einfälle so in Worte zu übersetzen, dass sie völlig normal klingen. Suche dabei nach einem Schlüsselwort, das diesen Schritt erleichtert.

Jetzt formuliere als Gegenbeispiel einen Satz, der auf fantasievolle Weise etwas aus der wirklichen Welt beschreibt. Auch hier kann wieder ein Schlüsselwort helfen.

Du wirst merken, dass manche Wörter von sich aus die Kraft haben, Bilder hervorzulocken. Oder bestimmte persönliche Erinnerungen auszulösen. Wieder andere haben automatisch weitere Wörter in ihrem Schlepptau und führen in unbekannte Gefilde. Das ist etwas sehr Spannendes. Wir kommen später noch darauf zurück.

Zunächst wollen wir uns aber mit den drei wichtigsten Wortarten beschäftigen: Substantiv, Verb und Adjektiv.

So wie jedes Tier und jede Pflanze gehört auch jedes Wort zu einer bestimmten Art und hat bestimmte Funktionen in einem Text. Und die sollte man als Autor gut kennen.

Die Substantive (Hauptwörter)

Die Welt ist voller Dinge, die man sehen, hören, riechen, schmecken, anfassen oder essen und trinken kann. Darüber hinaus gibt es eine ganze Welt, die sich nicht direkt erfassen lässt und die trotzdem sehr wichtig für uns ist: unsere Gefühle, unsere Vorstellungen, unsere Stimmungen, Ideen und Träume, unsere Wünsche, unsere Beziehungen zu anderen und vieles mehr. Beide zusammen – die materielle Welt und die nicht materielle – machen die Wirklichkeit aus.

Für alles, egal zu welcher der beiden Welten es gehört, hat die Sprache mindestens ein bestimmtes Substantiv. Ein Stamm mit Ästen und Zweigen zum Beispiel wird durch das Wort ›Baum‹ bezeichnet. Das Gefühl einer starken Zuneigung zu einem anderen Menschen nennen wir ›Liebe‹.

Substantive sind so etwas wie Namen. Wenn wir zum Beispiel ›Baum‹ sagen, weiß jeder, was gemeint ist. Wir müssen nicht noch zu einem wirklichen Baum gehen und auf ihn zeigen, um uns verständlich zu machen, selbst wenn der eine beim Wort ›Baum‹ vielleicht eine kleine Kiefer vor Augen hat und der andere eine mächtige Eiche. Und wenn wir ›Liebe‹ sagen, weiß auch jeder, was gemeint ist.

Hier sind einige Substantive mit materiellem Inhalt:

Haus   Sterne   Sand

Lärm   Feuer

Und hier einige Substantive mit nicht materiellem Inhalt:

Wahrheit   Überblick   Gerechtigkeit

Abschied   Liebe

 Vergleiche beide Wortgruppen miteinander. Was fällt auf? *

Alle Begriffe der ersten Gruppe kann man mit den Sinnesorganen wahrnehmen. Bei der zweiten Gruppe ist das nicht so. Begriffe wie Haus oder Feuer stehen für materielle Dinge. Sie lösen aber auch Gefühle und Gedanken aus, wie zum Beispiel Heimweh (Haus) oder Angst (Feuer). Umgekehrt sind Begriffe wie Gerechtigkeit oder Liebe etwas Abstraktes, das aber durchaus auch ganz konkrete Sinneswahrnehmungen einschließen kann. Die Einteilung in materielle und immaterielle Welt ist also sehr grob, denn beide hängen eng miteinander zusammen. Im Leben und vor allem auch beim Schreiben kommt es auch darauf an, die Zusammenhänge und Wechselwirkungen zwischen beiden Welten zu erspüren, zu erkennen und zu vermitteln.

 Stelle selbst je eine Liste von Substantiven für beide Welten zusammen. Dann ergänze sie um die möglichen Wechselwirkungen.

Wortverstecke

In vielen Substantiven stecken noch andere, meist kürzere Wörter. Mit ein bisschen Übung gelingt es einem, sie aufzuspüren und schließlich auf einen Blick zu sehen. Hier ein paar Beispiele:

Kinoleinwand	in ein ei wand ole an einwand
Schlaufe	Schlau lau laufe an auf
Taubenschlag	Tau taub lag Ben
Konditormeister	Tor meist ei ist
Versteinerung	Vers erst Stein ei er
Versteigerung	Vers erst Teig ei er
Kommandant	Komm man da an Komma
Misthaufen	ist hau auf
Kloster	Klo los Oste *(Fluss)* Ost er

 Schreibt beliebig viele Substantive untereinander auf ein Blatt Papier oder auf einzelne Kärtchen. Jetzt tippt jemand ›blind‹ auf eines oder zieht ein Kärtchen aus dem Stapel. Nun müssen alle nach versteckten Wörtern in diesem Substantiv suchen. Für jedes gefundene Wort bekommt man einen Punkt. Gewinner ist, wer am Ende die meisten

Verstecke aufgedeckt hat. (Gängige Namen zählen. Bei Komposita, zusammengesetzten Wörtern, zählen die Teilwörter nicht mit, z. B. bei ›Hosenknopf‹ zählen Hosen und Knopf nicht. Es müssen immer selbstständige Wörter sein. Aber es ist egal, ob Buchstaben klein- oder großgeschrieben werden. Gebeugte Verben wie ›fuhr‹ z. B. in ›Fuhrunternehmer‹ sind erlaubt.)

Über den Zusammenhang von Sprache und Wirklichkeit

Vor langer Zeit dachten die Menschen, dass es eine innere Verwandtschaft zwischen einem Wort und dem von ihm bezeichneten Gegenstand gibt. Sie meinten zum Beispiel, im Wort ›Baum‹ sei etwas von einem wirklichen Baum enthalten. Die ganze Natur wurde nämlich als eine Art Sprache Gottes interpretiert. Die Dinge in ihr – Berge, Flüsse, Wiesen, Bäume – waren die einzelnen Wörter dieser Sprache. Noch im Mittelalter dachte man so. Heute wissen wir, dass die Begriffe von ihren Inhalten unabhängig sind. So heißt das Wort für Baum im Englischen ›tree‹. Schon daran sieht man, dass Wort und Gegenstand nicht direkt zusammenhängen können. Vielmehr hat man sich innerhalb einer Sprache auf eine Bedeutung geeinigt. Solche Festlegungen auf bestimmte Bedeutungen von Wörtern werden in einem Lexikon zusammengefasst. Deshalb spricht man auch von der lexikalischen Bedeutung. Sie ist eine wichtige sprachliche Voraussetzung für das Denken und das Schreiben von wissenschaftlichen Texten.

Nehmen wir als Beispiel eine Definition von ›Baum‹ in einem Lexikon:

»Baum = ausdauerndes Holzgewächs mit ausgeprägtem Stamm und bevorzugtem Längenwachstum an den Spitzen des Sprosssystems.«

Solche Definitionen klingen kompliziert, sind aber notwendig, um einen Baum von einem Busch zu unterscheiden, der schließlich auch ein ausdauerndes Holzgewächs ist, aber keinen ausgeprägten Stamm hat. Für den Schriftsteller sind solche Begriffsbestimmungen wenig nützlich. Er muss versuchen, die Begriffe wieder mit Leben zu erfüllen, ein wenig von dem Zauber der Wörter zurückzugewinnen. Wie er das macht, werden wir noch mit verschiedenen Aufgaben ausprobieren.

Doppelwörter

Hauptwörter haben in einem Text großes Gewicht. Das sagt schon ihr Name. Sie können sich mit weiteren Substantiven zu Doppelwörtern oder *Komposita* zusammentun. Sie erinnern dann an zwei Personen, die sich bei der Hand halten. Sie bereichern unseren Wortschatz und ermöglichen es uns, uns genauer und treffender auszudrücken:

Tischkante (und nicht Handkante)
Flussarm (und nicht Meeresarm)
Süßwasserfisch (und nicht Meeresfisch)
Nadelwald (und nicht Laubwald)
Buchenlaub (und nicht Eichenlaub)

Finde ähnliche Paare von Doppelwörtern.

Komposita können die Fantasie anregen. Manchmal reicht schon ein einziges solches Wort als Schreibanlass für einen Text. Hier ein paar Vorschläge, die dich vielleicht zu einem Text inspirieren könnten:

Milchglas   Steinwolle   Eisblume   Katzenauge

 Schreibe zu einem dieser Wörter einen kurzen Text. Nimm dafür erst den einen Teil des Wortes (z. B. Stein) und schreibe etwas dazu, dann den anderen Teil (z. B. Wolle) und schreibe ebenfalls etwas dazu auf. Nun füge beide Teile zusammen zu einem eigenen kleinen Text.

 Man kann dies auch zu zweit versuchen. Jeder schreibt einen Text zu einem der beiden Teilwörter. Anschließend wird daraus ein gemeinsamer Text erstellt. Spannend ist es, wenn man das Teilwort, das der andere hat, nicht vorher kennt.

 Stelle eine Liste ähnlich spannender Doppelwörter zusammen.⁎

In den bisher verwendeten Doppelwörtern bezeichnen beide Teile etwas aus der materiellen Welt. Man kann aber auch ein nicht materielles Phänomen mit einem materiellen verknüpfen, wobei manchmal neue Ausdrücke entstehen, die hin und wieder in den allgemeinen Wortschatz eingehen:

Liebeslied   Traumfrau   Gefühlschaos
Kummerspeck   Glückskinder

 Bilde ähnliche Doppelwörter.

Bei den folgenden Doppelwörtern steht der materielle Teil am Anfang. Solche Doppelwörter sind selten. Auch hier entstehen oft völlig neue, faszinierende Ausdrücke (Schattengefühle, Wolkenzauber), andere wirken sehr griffig (Wintervergnügen, Sternstunde).

 Bilde ähnliche Doppelwörter und verwende sie in einem kurzen Text.

Und schließlich kann man auch Komposita bilden mit zwei nicht materiellen Anteilen, wie zum Beispiel: Traumleben, Geisterstunde.

 Bilde ähnliche Doppelwörter und schreibe einen kleinen Text dazu.

Jetzt noch eine Möglichkeit, die viel Kreativität erfordert: Doppelwörter bilden, deren Teile überhaupt nicht zusammenpassen. Hierbei kann man frei erfinden und dabei zu echten Wortschöpfungen kommen, die manchmal auf eine fast verrückte Weise ein Gefühl oder eine Stimmung vermitteln. Das liegt daran, dass es zwischen den beiden Wortanteilen zu komplizierten und spannenden Wechselwirkungen kommt, wie z. B. Regensonne oder Sternenschrei.

In einigen Fällen sind auch solche verrückten Kombinationen in unseren vertrauten Sprachschatz eingegangen, wie zum Beispiel das Wort Milchstraße.

Bilde ähnliche Doppelwörter und verwende sie in einem kurzen Text.

 Hier nun ein Spiel für zwei und mehr Personen. Dazu braucht man einen Stapel Kärtchen. Beschrifte jedes Kärtchen mit einem Wort, das Teil eines Doppelwortes ist. Der Stapel kommt gut gemischt mit den Wörtern nach unten auf den Tisch. Ziel ist es, Doppelwörter zu bilden. Wer die meisten schafft, hat gewonnen. Dafür zieht jeder erst eine, dann eine zweite Karte. Sobald jemand ein Doppelwort bilden kann, legt er es offen auf den Tisch. Falls nötig, darf ein Buchstabe eingefügt werden (wie z. B. das ›s‹ in Glücksmoment oder das ›n‹ in Suppenküche). Ist der Stapel verbraucht, zieht man weiter reihum vom linken Nachbarn, so lang, bis keine Wörter mehr gebildet werden können.

Einige Vorschläge:

Katzen	Auge	Traum	Leben
Leben/s	Glück	Arm	Leuchter
Apfel	Liebe	Blüten	Staub
Trauer	Weide	Tinten	Kleckse
Suppe/n	Küche	Kartoffel	Knödel
Wasser	Ratte		

Übrigens kann es strittig sein, ob ein Doppelwort auch geht. Dann versucht, Sätze mit ihm zu bilden, um das zu überprüfen. Zum Beispiel geht Suppenküche, nicht aber Suppenpirat, wohl aber Suppenkasper.

Drei- und Vierfachwörter

Solche Wörter entstehen, wenn man an ein Doppelwort ein oder zwei weitere Wörter hängt. Solche Fantasiewörter können manchmal sogar einen Sinn haben. Nehmen wir als Beispiel das Doppelwort Feuer-Werk. An den zweiten Teil ›Werk‹ passt z. B. ›Zeug‹ von ›Werkzeug‹. Alle drei Teile ergeben jetzt ›Feuerwerkzeug‹. Was könnte man mit diesem neuen Wort bezeichnen? Vielleicht Streichhölzer, also Instrumente, mit denen man Feuer machen kann? Je mehr Bestandteile ein Wort hat, desto spannender wird es. Nehmen wir z. B. das Wort Feuerwerkskörper. An seinen letzten Teil ›Körper‹ passt ›Lotion‹, wie wir es vom Wort ›Körperlotion‹ kennen. Daraus entsteht ein neues, vierteiliges Wort: ›Feuerwerkskörperlotion‹.

 Bilde spannende Drei- und Vierfachwörter.⁑

 Verwende diese Fantasiewörter in einem kleinen Frage-Antwort-Spiel.⁑

Natürlich lassen sich solche Wortmonstren selten für Texte verwenden. Aber das Spiel mit ihnen schärft den Blick für Wortkombinationen, die uns eigentlich ganz vertraut sind, aber die doch bei genauerem Hinsehen und Hinhören ähnlich merkwürdig klingen. Zum Beispiel folgende:

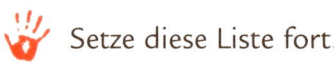

Strohwitwer   Zeitungswesen   Pfirsichhaut
Fahrradmantel   Zitteraal

 Setze diese Liste fort.

Der Geschmack der Wörter

Substantive haben öfter als andere Wortarten einen bestimmten Beigeschmack. Sie neigen dazu, Bilder, Erinnerungen und auch weitere Wörter heraufzubeschwören. Diese hochinteressante Eigenschaft wollen wir noch einmal genau betrachten. Nehmen wir die Wörter Milch, Wolke, Wolle und Eis.

Was löst das Substantiv ›Milch‹ bei uns aus? Wir denken natürlich an das Getränk. Zugleich sehen wir seine weiße Farbe, Milch im Glas oder in der Kanne; wir denken an den Geschmack – frische Milch, saure Milch – oder kalte und warme Milch. Damit stellt sich vielleicht ein Bild ein, etwa die Haut auf heißer Milch. Wir denken an den Ausdruck ›Durst stillen‹, und es stellen sich Gefühle ein: vielleicht Ekelgefühle bei dem Gedanken an saure Milch, vielleicht auch eine Sommererinnerung an etwas Erfrischendes. Oder man sieht ein Kind am Tisch sitzen, das seine Milch nicht trinken will. Vielleicht denkt man: Kakao und Kindergeburtstag. Oder: Erdbeeren mit Milch. Oder man sieht eine Kanne umfallen und die Milch weiß über den Boden fließen. All dies schwingt mit, wenn du das Wort ›Milch‹ liest oder hörst. All dies bildet seinen speziellen ›Geschmack‹.

Nehmen wir das Wort ›Wolke‹. Da liegen wir vielleicht plötzlich im Gras und werden zum Bergsteiger am Himmel, der bis zu den Schneegipfeln vordringt. Oder wir sehen, wie ein Wolkentier sich auflöst und in ein anderes verwandelt.

Das Wort ›Wolle‹ richtet sich mehr an unseren Tastsinn und unser Wärmeempfinden. Weich und mollig. Wir denken aber vielleicht unwillkürlich auch an Stricken und kratzige Pullover, an eine Schafherde oder Strumpfhosen. ›Eis‹ erzeugt gleich zwei extrem verschiedene Erfahrungen: Kälte im Winter und der süße Geschmack von Eiskugeln im Sommer. Schlittschuhlaufen und Gartencafé.

Schreibe spontan auf, an was du bei den folgenden Wörtern denkst: Fahrradschlauch, Blitz, Rucksack, Hagel, Bauchweh, Pusteblume, Bügeleisen, Welle, Unterhemd.

 Diese schöne Eigenschaft von Substantiven, eine Menge von Vorstellungen im Kopf auszulösen, kann man sich zunutze machen, wenn man nicht weiß, wie man einen Text beginnen soll. Nimm dir einfach ein Wort, das dir im Zusammenhang mit dem, was du schreiben willst, vorschwebt. Jetzt versuche, dich von den von ihm hervorgerufenen Bildern, Situationen und Wörtern davontragen zu lassen mitten in deine Geschichte.

Auch die Substantive, die etwas Nichtmaterielles bezeichnen, bringen Bilder und Wörter mit materiellem Inhalt hervor. Das Wort ›Traurigkeit‹ z. B. kann die Erinnerung an bestimmte Farben und Gerüche auslösen, an Bilder, an Personen und natürlich auch die Erinnerung an Situationen, in denen wir selber traurig waren.

 Schreibe möglichst spontan auf, woran du bei diesen Wörtern denkst: Überraschung, Liebe, Fröhlichkeit, Freundschaft, Angst, Schmerz, Unordnung, Gerechtigkeit.

Vom Allgemeinen zum Besonderen

Nun zu einer anderen wichtigen Eigenschaft von Substantiven: ihre Fähigkeit, verschiedene Abstufungen von Genauigkeit zu erzielen.

Hier zunächst vier Begriffe:

(1) Gebäude

(2) Tier

(3) Getränk

(4) Kleidung

 Was sind dies für Begriffe? Was ist ihre Funktion?*

Stellen wir sie den folgenden gegenüber:

(1) Haus

(2) Affe

(3) Limonade

(4) Hose

 Was unterscheidet diese Wörter von denen aus der vorigen Liste?*

 Jetzt versuche die Begriffe noch genauer zu fassen, indem du weitere Informationen hinzufügst.*

 Auch eine vierte Stufe lässt sich in einigen Fällen herstellen. Durch welche Wörter?*

 Wenn man einen Text schreibt, muss man sehr gut abwägen, wie genau man eine Information machen will. Ist sie zu allgemein (erste Liste!), kann der Text leicht belanglos werden, ist sie zu genau, zu stark präzisiert (Stufe 4), lässt der Text zu wenig Raum für die Fantasie der Leser. Er kommt ins Stocken. Man kann die Wirkung sehr gut ausprobieren, indem man einen allgemein formulierten Text schrittweise immer genauer macht – oder einen sehr genauen Text nach und nach ungenauer macht.

 Probiere beides gleich aus.

Die Verben (Tätigkeitswörter)

Während Substantive wie Türme gerne in der Gegend herumstehen, steif und aufrecht und nicht zu übersehen, wirken Verben auf den ersten Blick eher bescheiden. Sie sind keine Hauptdarsteller, sondern scheinen in Texten eher eine Nebenrolle zu spielen. Das ist aber in Wirklichkeit nicht so. Ohne Verben geht nämlich gar nichts. Sie sind es, die Bewegung in eine Geschichte bringen, die den etwas steifen Substantiven Beine machen. Sie heißen zu Recht auf Deutsch Tätigkeitswörter. Und sie können noch mehr: Ohne sie wüssten wir nämlich nicht, in welcher Zeit eine Erzählung spielt. Verben schaffen die Erzählzeit des Textes: »Ich ging« (Text in Vergangenheit), »Ich gehe« (Gegenwart), »Ich werde gehen« (Zukunft).

Wie bei den Substantiven gibt es auch bei den Verben verschiedene Abstufungen von Genauigkeit. Manche Verben stellen eine Art Oberbegriff dar, die viele speziellere Verben umfassen. Nehmen wir als Beispiel ›gehen‹ und ›trinken‹:

›Gehen‹ enthält gewöhnlich die Information der ›Fortbewegung zu Fuß‹, aber nicht, auf welche Weise das geschieht. Dies lässt sich aber sehr bildhaft und genau darstellen, z. B. mit den Verben schlendern, schleichen, trampeln, trippeln, humpeln, wanken. ›Trinken‹ wird bildhafter durch folgende Verben: schlürfen, hinunterstürzen, nippen, saufen. Probieren wir die Wirkung einer solchen Steigerung der Genauigkeit an einem ganz normalen Satz aus.

Das erste Beispiel:
    Lena geht über den Platz.

Daraus wird:
    Lena schlendert über den Platz.
    Lena schleicht über den Platz.
    Lena trampelt über den Platz.
    Lena trippelt über den Platz.
    Lena humpelt über den Platz.
    Lena wankt über den Platz.

 Ahme selbst die unterschiedlichen Arten zu gehen nach! Schlendere durch dein Zimmer, schleiche durch dein Zimmer, trample durch dein Zimmer, tripple, humple, wanke! Lass jemanden raten, wen du gerade verkörpert hast.

Das zweite Beispiel:
    Tim trinkt sein Wasser.

    Tim schlürft sein Wasser.
    Tim stürzt sein Wasser hinunter.
    Tim nippt an seinem Wasser.
    Tim säuft sein Wasser.

Auch das kannst du pantomimisch darstellen.

Du merkst, du bist gerade dabei, dich in einen Schauspieler zu verwandeln! Und Schreiben hat durchaus auch etwas mit Schauspielerei zu tun, denn man muss sich in die verschiedensten Personen und Handlungen hineinversetzen können, um etwas glaubhaft zu formulieren.

 Jetzt finde bildhaftere Verben auch für folgende Tätigkeiten: schlafen, schimpfen, lachen, essen, bewundern.*

Aber was bringt es eigentlich, ein bestimmtes Verb aus mehreren anderen auszuwählen, die doch ähnliches bedeuten? Sehen wir unsere Beispiele noch einmal genau an. Die Grundsituation ist klar: Lena geht über einen Platz, Tim trinkt Wasser. Das neue, bildhaftere Verb gibt jedes Mal ein deutlicheres Bild des Geschehens. Dadurch wird der Text lebendiger.

Das aber ist noch längst nicht alles. Ohne zusätzliche Worte machen zu müssen, erfährt man durch die speziellen Verben nämlich noch viel mehr: und zwar über die körperliche Verfassung der Personen, über ihre Stimmung, ihre Laune, sogar über ihren Charakter. Auch die Atmosphäre, in der etwas geschieht, wird vermittelt. Sehen wir uns den Satz an:

Tim nippt an seinem Wasser.

 Was könnte der Satz noch andeuten, außer, dass Tim in kleinen Schlucken Wasser trinkt?*

Untersuche auch die anderen Verbbeispiele. Welche Motive könnten der Grund sein für das Herunterstürzen, das Saufen, das Schlürfen?

 Finde mögliche Motive auch für die unterschiedlichen Arten, wie Lena über den Platz geht.

Verben sind enorm flexibel. Man kann ihre Bedeutung komplett verändern, je nachdem, welche Vorsilben man ihnen gibt. Aus ›kommen‹ kann man ›entkommen‹ oder ›bekommen‹ bilden. Oder ›auskommen‹ und ...

 Welche anderen Vorsilben könnte man einbauen?[٭]

 Probiere solche Wortveränderungen auch für andere Verben aus.

 Verben lassen sich auch in Substantive verwandeln. Aus ›entkommen‹ wird dann ›das Entkommen‹. Man stellt einen Artikel vor das Verb und schreibt es groß. Auch einige Adjektive lassen sich bilden, wie z. B. ›bekömmlich‹ oder ›begehbar‹. Die *Substantivierung* eines Verbs ist ein interessantes Stilmittel unserer Sprache: durch eine solche Umwandlung nämlich kann man einem starren Substantiv etwas von der Bewegtheit des Verbs mitgeben, aus dem es geformt wurde. Auf diese Weise lassen sich manche Dinge schöner sagen als in einer Konstruktion mit Verb, Substantiv und Adjektiv/Adverb. Besonders gilt das für solche Dinge, die man riechen oder hören kann.

Wie würde man beispielsweise bildhaft einen tropfenden Wasserhahn beschreiben, wenn er alle paar Sekunden einen platschenden Tropfen ins Waschbecken fallen lässt und damit die Nerven aufreibt?

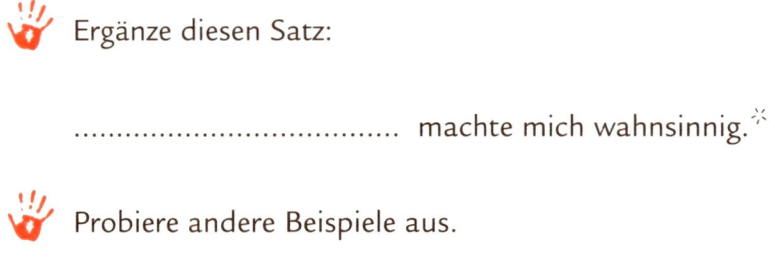

Ergänze diesen Satz:

.... machte mich wahnsinnig. ⁺

Probiere andere Beispiele aus.

Die Adjektive (Eigenschaftswörter)

Adjektive sind weniger dynamisch als Verben. Sie haben etwas von der in sich ruhenden Natur von Substantiven. Ihr großes Talent liegt darin, einen Gegenstand, ein Geschehen, eine Tätigkeit oder einen Zustand deutlicher und genauer darzustellen, indem sie eine besondere Eigenschaft hervorheben. Deshalb nennt man sie auch Eigenschaftswörter. Sie erzählen also nicht, *was* ist, sondern *wie* etwas ist. Auf diese Weise bringen sie Farbe, Töne und vieles andere in den Text:

eine bleiche Wintersonne
das blaue Meer
eine eiskalte Stimme
ein verschimmelter Käsekuchen
die verfallene Hundehütte
der dampfende Pferdeapfel
der quälende Liebeskummer

Einige dieser Adjektive sind in Verbindung mit dem jeweiligen Substantiv zu schwach. Sie sind abgenützt, wenig originell, man sagt auch ›klischeehaft‹.

 Welche könnten es sein?※

 Versuche, sie durch bessere zu ersetzen.※

Manchmal sind Doppeladjektive, wie ›makrelengrün‹ und ›beißend kalt‹ gut geeignet, eine Textstelle plastischer zu machen. Aber Vorsicht: Mit Adjektiven muss man sparsam umgehen. Zwei Adjektive hintereinander wirken schnell penetrant, z. B. ›der quälende, bohrende Liebeskummer‹.

Farbadjektive

Zum Schluss ein Spiel mit einer schönen Eigenschaft der Sprache: Die Kombinationsmöglichkeiten von Farbadjektiven mit anderen Wörtern. Hier lassen sich so viele neue Bedeutungen finden, dass sogar kleine Texte daraus entstehen können. Nehmen wir als Beispiel die Farbe Rot. Mögliche Kombinationen sind u. a.:

Ein rotes Tuch für jemanden sein   Rotsehen   Jemandem die rote Karte zeigen   Rotkehlchen   Rotlichtviertel Rot werden   Rotbuche   Aus den roten Zahlen kommen Rotwein   Lieber rot als tot   Rotkraut   Rotkohl   Rotunde Den Rotstift ansetzen   Rotieren

 Kennst du alle diese Ausdrücke? Welche passen nicht dazu?※

Kannst du erklären, warum?*

 Sammle Ausdrücke dieser Art auch für die Farbe Blau.*

 Was fällt dir zu Schwarz ein?*

 Probiere andere Farben aus und schreibe einen Text, in dem eine einzige Farbe vorherrscht.

Konnotationen

Konnotation ist ein lateinisches Wort. ›Kon‹ heißt ›zusammen mit‹, ›Notation‹ steht für ›schriftliches Benennen von Dingen, schriftliche Aufzeichnung‹. Du kennst das Wort von ›Notiz‹. Konnotation kann man also mit ›verschiedene Dinge zusammen benennen‹ übersetzen. Oder anders ausgedrückt: Ein Wort, das etwas Bestimmtes benennt, benennt indirekt auch vieles andere mit.

Substantive können also Empfindungen, Erinnerungen und Bilder auslösen, und zwar auf sehr persönliche Art. Sie haben eine Menge anderer Wörter (Nebenwörter) bei sich, die in der Hauptbedeutung verborgen sind und durch das Lesen oder Aussprechen hervorgelockt werden. Genau das nennt man die Konnotationen eines Wortes. Wir haben es auch Wortgeschmack genannt.

Verdeutlichen wir es an einem Beispiel, dem Wort ›Schatten‹. Schatten kann angenehme Erinnerungen wecken, z. B. wie wir an einem heißen Sommertag den kühlen Schatten eines

Baumes genossen haben. Er kann aber auch einen negativen Beigeschmack haben, etwa in der Aussage: »Mein Garten ist zu schattig«, oder »Er steht im Schatten seiner Schwester«. In diesem Fall bedeutet ›Schatten‹ einen Mangel an Licht und, im übertragenen Sinne, einen Mangel an Eigenständigkeit.

Konnotationen sind individuell verschieden, sie hängen von den eigenen Erfahrungen ab. Sie können auch regional verschieden ausfallen. Es ist ein Unterschied, ob man sich im regenreichen und sonnenarmen Schottland oder einem regenarmen und sonnenreichen Land in Afrika befindet. Dort ist der Schatten etwas Kostbares und eignet sich nicht für eine Aussage mit negativem Beigeschmack. Der Ausdruck ›im Schatten von jemandem stehen‹ hat hier sogar eine positive Bedeutung.

Zu den Konnotationen eines Wortes können auch Farben und andere Sinneswahrnehmungen gehören. Selbst Buchstaben können Konnotationen auslösen, wie wir im 1. Kapitel gesehen haben. Manche Wörter, wie ›und‹ und andere Hilfswörter, sind dagegen frei von Konnotationen. Als Schriftsteller sollte man beim Schreiben diese Verhältnisse immer im Auge behalten. Ein Text, der zu wenig Konnotationen auslöst, könnte trocken und langweilig wirken. Andererseits können durch Konnotationen ganz normale Wörter plötzlich faszinierend werden. Wie bereits gesagt: ihre Alltagshülle platzt. Exotische, seltene Wörter dagegen werden vielleicht vertraut, fast alltäglich, wenn sie bei uns entsprechende Bilder und Erinnerungen auslösen. Und sehr pathetische Wörter wie zum Beispiel ›Liebe‹ oder ›Ehre‹ oder ›Tod‹ verlieren ein wenig von ihrem bombastischen Klang.

Wir haben bereits im Abschnitt »Der Geschmack der Wörter« eine Reihe von Konnotationen im Zusammenhang mit ›Milch‹ gesammelt. Hier jetzt ein Beispiel mit dem ungleich viel mehr umfassenden Wort ›Meer‹. Es löst je nach Erfahrungen eine Vielzahl anderer Wörter mit aus wie z. B. ›blau‹, ›stürmisch‹, ›endlos‹. Hinzu treten Bilder, du siehst vielleicht Sandburgen, Strandkörbe, Muscheln, Ebbe und Flut, jemand anders vielleicht endlose einsame Strandspaziergänge im Nebel; du glaubst das Rauschen der Wellen zu hören, und du riechst den typischen fauligen Geruch von Seetang, vielleicht gleichzeitig mit dem starken Geruch von Sonnenöl. All das sind Konnotationen, die mitschwingen können, wenn in einem Text das Wort ›Meer‹ auftaucht. Sie erweitern und differenzieren die nackte Bedeutung des Wortes: ›große Wasserfläche‹. Ganz andere Verbindungen wird ein Seemann herstellen, der immer mit den Gefahren des Meeres lebt und seine Arbeit als anstrengend empfindet.

 Schreibe deine persönlichen Konnotationen zu den Begriffen ›Wald‹, ›Kino‹ und ›Schwimmbad‹ auf.

 Schreibe einen kurzen Text zu einem dieser drei Begriffe und lass dich dabei von den Konnotationen inspirieren.

Auflösungen aus dem 3. Kapitel »Im Reich der Wörter«

S. 44
✴ *Zum Beispiel: Hoppla! Verdammt! Wutschnaubend*
✴ *Zum Beispiel: Donnerwetter, Potzblitz, Kanonenschlag*
✴ *Zum Beispiel: irrsinnig, widerwärtig, krass, triezen, schrill*
✴ *Zum Beispiel: saugt, schläfrig, wispern*

S. 45
✴ *Zum Beispiel: grässlich, aberwitzig, trocken, gereizt, Juckpulver*
✴ *Zum Beispiel: Honig, Linde, lind, lau*
✴ *Zum Beispiel: Pfefferminz, schmackhaft, Lebertran, bitter, zuckersüß,*
  Sauerampfer

S. 51
✴ *Ein Haus kann man sehen, Lärm kann man hören. Die Wahrheit kann man*
  nicht hören oder sehen, man kann sie nur mit dem Verstand oder dem Gefühl
  wahrnehmen.

S. 55
✴ *Zum Beispiel: Häusermeer, Apfelblüten, Spaßvogel, Tintenklecks, Piraten-*
  schatz, Suppenküche

S. 58
✴ *Zum Beispiel: Papageientaucheranzug, Apfelschalentier, Katzenaugenblick*
✴ *Zum Beispiel: »Hast du schon die neue Feuerwerkskörperlotion ausprobiert?*
  Ich sage dir, sie explodiert förmlich auf der Haut!«
  »Mir ist sie viel zu gefährlich. Ich benutze sie höchstens an Silvester.«
  oder:
  »Hast du schon einen Liebeserklärungsversuch gemacht?«
  »Nein. Ich muss noch üben.«
  oder:
  »Wie lautete die letzte Magensaftpresseerklärung?«
  »Ich bin ganz schön sauer auf euch alle.«

S. 61
✴ *Es sind Sammel- oder Oberbegriffe, die eine ganze Gruppe von Dingen oder*
  Erscheinungen bezeichnen.

✻ Es sind keine Oberbegriffe mehr. Sie sind genauer und bezeichnen einen konkreten Vertreter der Gattung.

✻ Zum Beispiel:

(1) Holzhaus

(2) Gorilla

(3) Zitronenlimonade

(4) Lederhose

✻ Zum Beispiel

(1) Blockhaus

(2) Gorillaweibchen

Die entsprechende Steigerung in Nr. (3) könnte man mit einem Adjektiv vornehmen, also z. B. »kalte Zitronenlimonade«.

(4) Schweinslederhose

S. 64

✻ Vorschläge: schlafen (pennen, ein Nickerchen machen, schnarchen)

schimpfen (meckern, granteln, motzen, nörgeln)

lachen (kichern, glucksen, grinsen, wiehern)

essen (futtern, mampfen, fressen, hinunterwürgen, verzehren)

bewundern (anhimmeln, verehren, glorifizieren, toll finden)

✻ Denkbar sind folgende Motive:

(1) Wasser schmeckt ihm nicht. Eigentlich hätte er lieber ein Glas Cola.

(2) Er wartet auf etwas, will sich nicht ablenken lassen. Vielleicht ist er in Gefahr.

(3) Er teilt sich sein Wasser so ein, dass es für längere Zeit reicht, vielleicht weil er nicht mehr Geld dabei hat.

(4) Er hat eigentlich gar keinen Durst, und das Wasser ist nur ein Vorwand, um dort zu sein. In Wirklichkeit möchte er möglichst unauffällig etwas aus der Nähe beobachten.

S. 65

✻ Davon-, ver-, ab-, zu-, durch-, vor-, mit-, zusammen-

S. 66

✻ Zum Beispiel: Das Platsch, Pitsch, Platsch, Pitsch.

Das eintönige Tropfen des Wasserhahns.

S. 67

✻ blau, eiskalt, quälend

✴ *Zum Beispiel: makrelengrün, beißend kalt, bohrend*
✴ *Es passen nicht: Rotunde. Rotieren*

S. 68
✴ *Die Buchstabenfolge ›r-o-t‹ hat hier nichts mit der Farbe zu tun.*
✴ *Fahrt ins Blaue, Blaumachen, Blaumann, Blauer Fleck, Blaue Stunde,*
  Blauhelm, Blaue Stunde, Blues, Blue Jeans, Das Blaue vom Himmel
  herunter lügen, Blaue Blume, Veilchenblau, Pflaumenblau, Indigoblau,
  Zitronenblau, Blaubeuren, Blaulicht, Blaubeeren, Blaubär, Blaukraut,
  Sich ein blaues Auge holen, Blauäugig, Blau sein …
✴ *Schwarzsehen, Schwarzmalen, Schwarzseher, Ein Schwarzer, Schwarzfahrer …*

4. Elfchen und Schweinegrunzen

Schon mit wenigen Wörtern und einigen festen Regeln kann man kleine Texte zaubern. Wenn beides aufeinandertrifft, kann es wie von selbst zu interessanten Formen kommen. Die festen Regeln wirken wie Steine in einem Bach, an denen sich die Strömung bricht und kleine Wirbel und Muster bildet. Und ähnlich ist es bei den Elfchen.

Was kann man sich unter einem Elfchen vorstellen? Vielleicht ein zartes, poetisches Wesen, das auf das Papier herniederschwebt? Durchaus. Aber es ist noch mehr. Was, das soll nicht gleich verraten werden. Alles, was man braucht, um ein Elfchen aufs Papier zu locken, sind ein Blatt, ein Stift, eine Menge Wörter im Kopf und die Bereitschaft, sich an ein paar Regeln zu halten.

Farbelfchen

Beginnen wir mit einem Farbelfchen. Am besten fängst du gleich an. Denk dir als Erstes eine Farbe aus. Das Wort dafür schreibst du in die erste Zeile. Darunter kommt die zweite Zeile. In diese schreibst du zwei Wörter. Sie sollen einen Gegenstand enthalten, der diese Farbe hat, oder auch eine Person, die mit dieser Farbe auf irgendeiner Weise in Verbindung steht. In die dritte Zeile kommen drei Wörter. Sie beschreiben den Ort, der zu dem bisher Geschriebenen passt. In die vierte Zeile kommen vier Wörter. Hier kannst du deiner Fantasie freien Lauf lassen: Schreibe einfach noch etwas Ergänzendes auf zu dem bereits Geschriebenen. In die fünfte Zeile kommt nur ein einziges Wort. Das kann ein Fazit sein, eine Art Schlusswort, auch ein Fragewort. Fertig ist das Farbelfchen. Es sieht aus wie ein kleines Gedicht. Zähle seine Wörter durch. Es sind genau elf! Daher kommt der Name Elfchen.

Hier zwei von Millionen Möglichkeiten:

Blau
Der Himmel
Über den Dächern
Nur eine einzige Wolke
Sommer

Glasgrüne
Tintenfische schwimmen
Langsam ans Licht
Durch ein Meer aus
Buchstaben

Mit Elfchen kann man einen interessanten, lustigen oder poetischen Text aufs Papier bringen, ohne zu lange hin und her überlegen zu müssen, was man schreiben will. Oft hat man eine ungefähre Idee im Kopf und weiß nicht, wo man anfangen soll. Ein Elfchen kann einen dabei auf den richtigen Weg bringen.

 Denk dir ein eigenes Farbelfchen aus. Du hast die freie Auswahl aus allen Wörtern der Welt. Achte diesmal darauf, kein Wort doppelt zu verwenden.

Zwei verschiedene Elfchenarten

Es gibt ganz verschiedene Möglichkeiten, ein Elfchen zu konstruieren. Hier zwei Beispiele für ein Farbelfchen mit ›Lila‹, die zeigen sollen, wie verschieden die sprachliche Lösung ausfallen kann.

(1) Lila
Spaghetti, Flieder
Krokus, Veilchenaugen, Lippenstift
Samtkleid, Pflaume, süße Düfte
Mädchentraum

(2) Lila
Die Zunge
Vom Lolli klebt
Süß und lecker am
Gaumen

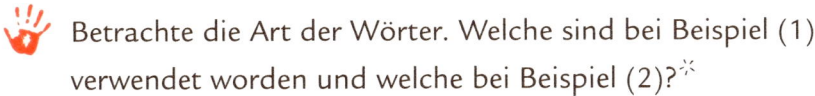 Betrachte die Art der Wörter. Welche sind bei Beispiel (1) verwendet worden und welche bei Beispiel (2)?*

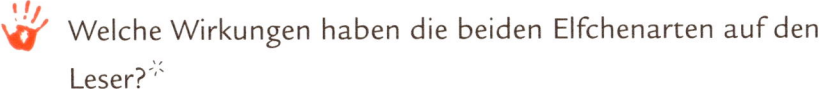 Welche Wirkungen haben die beiden Elfchenarten auf den Leser?*

 Gibt es noch einen Unterschied?*

Bei (2) steht das einzige Verb, ›klebt‹, genau in der Mitte (6. Wort). Dadurch werden die Teile miteinander verknüpft. Das Erzählerische entsteht auch dadurch, dass eine Person im Text vorkommt (Zunge) und dadurch etwas wie eine Handlung entsteht. Durch die Aufteilung des Satzes auf die Zeilen eines Elfchens kommt eine schöne

Spannung hinein. Das einzelne Wort bekommt so mehr Gewicht. Das liegt daran, dass an jedem Zeilenende eine kleine gedachte Pause entsteht, die der Satz überspringen würde, wenn man ihn fortlaufend niederschriebe.

 Nun ein kleines Experiment: Verändere die beiden Texte, indem du Wörter umstellst.

 Mit welchem Text geht die Veränderung reibungsloser? Woran liegt das wohl?*

Dies ist eine Erfahrung, die sich nicht auf Elfchen beschränkt, sondern für alle Texte gilt. Je enger die Beziehung der Wörter untereinander ist, desto empfindlicher reagieren sie auf Eingriffe, desto leichter kann man ihren Zusammenhang zerstören.

Man kann übrigens nicht sagen, dass der eine Elfchentyp besser ist als der andere. Es lohnt sich aber, sich über die unterschiedliche Wirkung der beiden Lösungen Gedanken zu machen und sich zu fragen: Passt die Wirkung zu dem, was ich sagen wollte?

Man kann sich ein Elfchen als eine Art sprachliche Lockerungsübung immer wieder einmal vornehmen. Dafür kann man die inhaltlichen Vorschriften für die einzelnen Zeilen eines Elfchens auch ändern und ganz neu bestimmen. Wichtig ist aber, man hält sich an die Wort-pro-Zeilen-Regel (1, 2, 3, 4, 1).

 Denk dir jetzt Klangelfchen aus, das mit einem Geräusch oder einem Klang beginnt. Oder ein Wetterelfchen, mit einem Wort wie ›Regen‹ oder ›Wind‹ am Anfang.

Dein persönlicher Elfchengeschmack

Wirf noch einmal einen Blick auf die von dir geschriebenen Elfchen. Was hast du für Wörter verwendet? Zu welcher Art von Schreibstil neigst du? Hast du bewusst oder unbewusst enge Beziehungen zwischen einigen Wörtern aufgebaut, gibt es Beziehungen über die Zeilenenden hinaus?

Versuche, deine Vorlieben herauszufinden. Es ist spannend, sich selbst in diesem Punkt kennenzulernen: was man beim Schreiben mag und wovor man vielleicht eher zurückschreckt. Darüber etwas zu wissen ist wichtig für jeden, der zu schreiben versucht. Nur so hat man dann die Freiheit, auch etwas Neues auszuprobieren.

 Verändere deine Elfchen, indem du zum Beispiel Typ (1) in Typ (2) verwandelst und umgekehrt.

 Probiere jetzt eine Lösung aus, die ganz anders als deine erste ist. Benutze zum Beispiel viele Verben. Oder schaffe enge Übergänge zwischen den Zeilen.

Jedes Wort hat seinen Platz

Du hast sicher gemerkt, dass es nicht gleichgültig ist, wie die Wörter angeordnet sind. Es liegt auf der Hand, dass das erste Wort, ähnlich wie der erste Satz einer Geschichte oder das erste Kapitel eines Romans, besonders wichtig ist – der Anfang.

Das Gleiche gilt für den Schluss, das letzte Kapitel, den letzten Satz, das letzte Wort. Hier stecken oft Möglichkeiten, die man nicht verschenken sollte. Am Beispiel folgender Elfchen wollen wir zeigen,

welche Akzente man mit minimalen Veränderungen (1 von 11 Wörtern) setzen kann.

(1)	(2)	(3)
Rot	Rot	Rot
Der Himmel	Der Himmel	Der Himmel
Über den Dächern	Über den Dächern	Über den Dächern
Wie kalt der Wind	Wie kalt der Wind!	Wie kalt der Wind –
Weht.	Wohin?	Weihnachtszeit!

 Was sind die Unterschiede?※

 Welcher Schluss gefällt dir am besten?

Auch andere Lösungen sind möglich, z. B. könnte das Wort den Text
infrage stellen oder ihn durch eine Pointe zum Abschluss bringen
wie ein Gongschlag. Das letzte Wort kann also dem Text eine neue
Wendung geben und über den Sinn des Ganzen entscheiden.

 Lege dir ein kleines Heft mit deinen Lieblingselfchen an.

 Schreibe zusammen mit einem Freund oder einer Freundin
Elfchen mit dem gleichen Anfangswort und vergleicht
anschließend die Texte.

Haikus

Eine andere kurze Textform ist das Haiku. Haiku ist ein japanisches
Wort und heißt so viel wie ›lustiger Vers‹. Haikus werden in Japan

seit 400 Jahren gemacht. Wie das Elfchen, das allerdings eine Erfindung aus heutiger Zeit ist, sind Haikus ungereimte Kurzgedichte, die nach einer strengen Regel aufgebaut sind. Sie haben drei Zeilen mit einer festen Silbenzahl: fünf in der ersten Zeile, sieben in der zweiten Zeile, fünf in der dritten Zeile. Auch in diesem Fall verhindert die Strenge der Regel, dass man den Faden verliert. Wie beim Elfchen bildet die Freiheit der möglichen Wörter und Ideen Strudel am Stein einer festgelegten Form.

Da das Japanische eine Silbensprache ist und keine Buchstabensprache wie unsere, lässt sich die Silbenregel im Japanischen perfekt einhalten. Versucht man jedoch Haikus in anderen Sprachen zu machen, geht das nicht so einfach. Daher ist man von der strengen Silbenregel abgekommen. Wichtig bleiben aber die Kürze und die Dreizeiligkeit, die einem einzigen Atemzug entsprechen soll. Denn wenn man ein Haiku laut spricht, soll man es in einem einzigen Ausatmen machen können!

In Haikus geht es meistens um einen bestimmten Natureindruck. In der ersten Zeile wird er vorgestellt, in der zweiten Zeile wird ein Detail dazu geschildert, in der dritten Zeile steht ein Gedanke; das kann eine Erkenntnis sein, ein Bezug zum eigenen Leben, eine Reaktion der Person des Dichters.

Hier ein Beispiel:

Sonnenaufgang, wie traumhaft
Die Vögel singen sich wach
Ich schweige dazu.

 Probiere selber Haikus aus. Zum Beispiel ein Frühlings-Haiku, ein Winter-Haiku, ein Wetter-Haiku.

Das Grunzen der Schweine

Vor 150 Jahren erfand der spanische Dichter Dela Serna eine Kurzform des Dichtens, die er Gregueria nannte. Das bedeutet im Spanischen ›Schweinegrunzen‹. Greguerias bestehen meistens aus nur einem einzigen Satz und wirken wie eine Definition oder ein kluger Gedanke (Aphorismus). Dabei aber halten sie nicht, was dies verspricht: Sie sind nicht so trocken und logisch wie eine Definition, oder so klug und ernsthaft wie ein Aphorismus. Vielmehr spielen sie mit der Ähnlichkeit von ganz verschiedenen Dingen und kombinieren sie auf überraschende und manchmal verrückte Weise.

Ein Beispiel:

Eine Schraube ist ein Nagel mit einem Mittelscheitel.

 Erkläre, wie es zu diesem Gregueria gekommen sein mag.[*]

Greguerias drücken etwas kühn, bildlich und poetisch aus, ohne Rücksicht auf Logik und den üblichen Sprachgebrauch. Man kann, indem man Greguerias macht, seine Ausdrucksmöglichkeiten trainieren. Es kommt nicht auf absolute Genauigkeit an, sondern auf Bildfantasie. Natürlich hat eine Schraube keine Haare, natürlich ist ihr Kopf nicht rund, sondern flach. Trotzdem reicht die Ähnlichkeit zwischen einem Schraubenkopfschlitz für den Schraubenzieher und dem Mittelscheitel in der Frisur eines Menschen aus, um eine Gregueria zu bilden. Es geht eben nicht um Logik, sondern um Ähnlichkeiten (Analogien) und damit um ein wichtiges Prinzip aller Kunst, auch der des Schreibens.

Jetzt noch ein paar Greguerias. Sie spielen mit dem Klang, mit der Doppelbedeutung von Wörtern und mit Bildern.

Ein Auto entsteht, wenn zwei Fahrräder lange
genug nebeneinanderher fahren.

Er war so aufgeblasen, dass er in keinem
Nadelwald spazieren gehen konnte.

Der Tyrann rannte zur Tür.

Es muss für einen Singvogel etwas Schönes
sein, vom eigenen Flügel begleitet zu werden.

Mein Unstern ist mir schnuppe.

 Lege jetzt los und mache deine eigenen Greguerias, aber
Vorsicht: Es besteht Suchtgefahr!

Auflösungen aus dem 4. Kapitel »Elfchen und Schweinegrunzen«

S. 77
(1) besteht aus neun Substantiven (davon vier als Doppelwort) und zwei
Adjektiven (lila, süß).
Bei Typ (2) kommt das einzige Verb vor: ›klebt‹.
Bei (1) sind die Wörter nur aneinandergereiht wie bei einer Aufzählung.
Bei (2) gibt es mehr Wortarten und dadurch mehr Bewegung. Zwischen
den Wörtern gibt es Beziehungen. Sie reichen auch über die Zeilenenden
hinaus. Im Grunde besteht (2) aus einem einzigen Satz.
(1) wirkt freier, verwirrender, aber auch beliebiger und etwas steif.
(2) wirkt in sich geschlossener, erzählender und ruhiger.

S. 78
Beispiel (1) ist eine Ansammlung gleichberechtigter Wörter, bei der es auf die

Abfolge kaum ankommt. Das Ergebnis bleibt ziemlich gleich, auch wenn man die Wörter umstellt.
Im zweiten Fall (2) ist eine Umstellung nicht so einfach, weil es sich um einen Satz handelt. Veränderungen der Wortstellung können den Sinn entstellen, der Text wird vielleicht sogar schwerfälliger.

S. 80

✳ 1. führt den Satz zu Ende. Der Wind weht kalt.
2. führt eine Stimme ein, die fragt: Wohin? Sie könnte z. B. zu einem Menschen gehören, der kein Zuhause hat.
3. das letzte Wort fasst das Bild zusammen und bezieht es auf ein bestimmtes Ereignis (Weihnachtszeit).

S. 82

✳ Eine Schraube hat wie ein Nagel einen Kopf. Nur ist er nicht glatt, sondern hat einen Schlitz für den Schraubenzieher, der an den Mittelscheitel einer Frisur erinnert.

5. Was für Sätze macht die Katze?

Katzen sind Bewegungskünstler. Sie überqueren ein Gelände auf die unterschiedlichste Weise, mit vielen oder wenigen Sätzen, kurzen oder langen. Manchmal verharren sie plötzlich und lauern. Sie können balancieren, lautlos schleichen, perfekt fallen und sie beherrschen den präzisen Zielsprung. Auch Schreiben hat etwas mit Bewegung zu tun. Es gibt in einem Text schnelle und langsame Passagen, es gibt kurze und lange Sätze, Bandwurmsätze und Schachtelsätze. Es gibt Sätze, die leise auftreten und sich an einen Sachverhalt förmlich anschleichen. Es gibt zupackende Sätze und überraschend genaue Sätze. Es gibt Sätze, die den Leser in fantastische Räume entführen, und es gibt solche, die ihn sicher auf den Boden der Realität zurückbringen. All das – Satzbau, Satzlänge, Wortstellung im Satz – macht den Stil eines Textes aus.

Eine Frage des Stils

Was ist das überhaupt, ›Stil‹? Jeder kennt das Wort, aber was es genau bedeutet, ist den meisten unklar. Man spricht von verschiedenen Musikstilen oder auch verschiedenen Stilen in der Art, sich zu bewegen, wie z. B. beim Reiten, beim Schwimmen, beim Tennis. Auch bei der Art, sich anzuziehen, gibt es Stile. Man kann Designerklamotten tragen oder Jeans und Holzfällerhemd. Man kann auch seine Wohnung unterschiedlich einrichten, mit viel Holz und Teppichen oder mit viel Chrom und Glas. ›Stil‹ ist so etwas Ähnliches wie ›Mode‹. Als die

Beatles gegen Anfang der 60er-Jahre des letzten Jahrhunderts ihre Haare länger trugen, entstand bald ein für die 60er-Jahre des 20. Jahrhunderts typischer Stil der Frisuren. Und natürlich gibt es auch ganz verschiedene Schreibstile, die für verschiedene Epochen typisch sind. Romane in Briefform waren zum Beispiel typisch für das 18. Jahrhundert, heute sind sie, im Zeitalter der E-Mails, fast völlig aus der Mode gekommen.

Es gibt jedoch noch eine andere Bedeutung des Wortes ›Stil‹. Nämlich als die ganz persönliche Art und Weise, sich auszudrücken. Das Wort ›Stil‹ kommt aus dem Lateinischen: ›Stilus‹ heißt ›Griffel‹. Das Schreiben auf Tafeln war sehr aufwendig und mühsam. So konnte an der Art und Weise, wie die Schrift aussah, erkannt werden, wer der Schreiber war. Später hat man den Begriff auf die Merkmale einer typischen Ausdrucksweise übertragen. Alles das, was über den Inhalt eines Textes hinausgeht, Satzformen, Wiederholungen, Wortwahl, kann zum Stil eines Autors gehören. Ein guter Schriftsteller hat immer einen persönlichen, für ihn typischen Stil, an dem man seine Werke erkennt. Man redet aber auch von gutem oder schlechtem Stil eines Textes und meint damit die Fähigkeit oder Unfähigkeit des Autors, gut zu formulieren.

Früher waren Schriftsteller oft wahre Meister der Schachtel- und Bandwurmsätze. Da konnte man so richtig sein Können zeigen. Als die Kurzgeschichten des amerikanischen Schriftstellers Ernest Hemingway (1899–1961) populär wurden, hatte das großen Einfluss auf den Schreibstil der deutschen Schriftsteller. Schachtel- und Bandwurmsätze waren plötzlich verpönt. Man begann simpler zu schreiben. Die Sätze wurden kürzer. Hauptsätze wurden wichtiger als Nebensätze. Heute ist die populärste Schreibweise eine ausgewogene Mischung von Haupt- und Nebensätzen. Aber das kann sich auch wieder ändern! Übrigens: Der Stilbruch – das ist die plötzliche, schockartige Änderung eines Stils – ist manchmal ein gutes Mittel, einen zu einförmig geratenen Text wieder in Schwung zu bringen.

Eine gute Stilübung ist es, Texte zu imitieren. In der Malerei bedient man sich seit Jahrhunderten des Kopierens als Lernmethode. Die Maler lernen, indem sie Bilder früherer Meister nachmalen. Das Gleiche kann man auch mit Literatur machen.

 Nimm dir ein Buch eines bekannten Autors, suche einen längeren Absatz aus, lies ihn sorgfältig, mehrmals und laut. Versuche dabei, Besonderheiten zu entdecken. Dann schreibe einen kurzen Text im gleichen Stil. Den Inhalt kannst du dir frei ausdenken.

Ein- und Zweiwortsätze

Betrachten wir als erstes Stilmittel die Satzlänge. Der Satz ist die kleinste abgeschlossene Redeeinheit in unserer Sprache. Wenn jemand erstaunt ausruft: »Oh!« oder angeekelt: »Iiiii«, dann sind das streng genommen bereits kleine Sätze. Aber sie sind nur in wörtlicher Rede möglich, im Leben, im Film oder auf der Bühne. Das gilt auch für fragmentarische Sätze, die aus nur einem Wort bestehen.
  Beispiel: Hilfe!

 Fallen dir weitere Einwortsätze ein?*

Aus solchen Einwortsätzen lässt sich bereits ein kleines Gespräch (ein Dialog) verfassen:

Hey!

Was?

Komm!

Nein!

Wieso?

Hmm.

Komm!!

Wohin?

Komm!!!

Okay.

Endlich.

Nervensäge!

Doofmann!

 Schreibe selbst eine kleine Szene mit einem Ein-Wort-Dialog.

Zweiwortsätze können unvollständig oder vollständig sein. Vollständig sind sie, wenn sie aus einem Subjekt und einem Prädikat bestehen.

Son Mistwetter.

Macht nichts.

Echtes Sauwetter.

Es regnet.

Nichts blüht.

Doch. Schneeglöckchen.

Hab keine.

Wie lauten die vollständigen Sätze in diesem Dialog?*

Mithilfe von vollständigen und unvollständigen Zweiwortsätzen kann man bereits einfache kleine Geschichten wie die folgende schreiben:

Es stürmt. Blitze zucken. Fernes Donnern.
Sirenen schrillen. Roter Horizont. Feuerwehren
rasen. Leute schreien. Scheunen brennen.
Kinder weinen. Ein Toter!

 Hier gibt es drei unvollständige Zweiwortsätze. Welche sind es?*

Der Stil dieses Textes wirkt durch die Reihung vollständiger und unvollständiger Zweiwortsätze schnell, vorwärtsdrängend und rhythmisch. Die Sätze marschieren voran wie zu Trommelschlägen. So wurde oft zu Beginn des 20. Jahrhunderts in der Stilepoche des Expressionismus geschrieben. Vielleicht eine Reaktion auf den ersten Weltkrieg!

 Versuche, selbst eine kleine Szene im expressionistischen Stil zu schreiben.

Längere Sätze machen das Schreiben von Texten einfacher. Jetzt kann man Adjektive einsetzen, Artikel und all die grammatikalischen Raffinessen des Satzbaus, das Verhältnis von Haupt- und Nebensätzen. Wenn Hauptsätze überwiegen, vor allem auch kurze, wirkt der Stil prägnant, entschieden, klar. Nebensätze tänzeln eher zur Seite, voran und zurück. Das macht einen Text langsamer, dafür aber vielschichtiger. Es gibt dann mehr Möglichkeiten für Feinheiten, Zwischentöne, eingestreute Gedanken. Kurze Sätze eignen sich für Wendepunkte oder entscheidende Momente. Sie können zielgenau sein wie der Sprung der Katze, z. B.:

Da geschah es.

Es war so weit.

Das Ende nahte.

Ohne Syntax geht gar nichts

Die Syntax, die Lehre von den Sätzen, unterscheidet Haupt- und Nebensätze. Ein Hauptsatz besteht aus mindestens zwei Elementen: dem Subjekt und dem Prädikat.

Das Subjekt ist das, worüber etwas ausgesagt wird. Das kann alles Mögliche sein: eine Person, ein Gegenstand, ein Gefühl, eine Situation, ein Begriff. Aber es muss immer ein Substantiv sein oder ein Wort, das es vertritt (Personalpronomen wie ›Sie‹, ›Er‹).

Subjekt ist Lateinisch und heißt ›Das Unterworfene‹ (sub – iacere): Das Subjekt ist einer Aussage ›unterworfen‹. Diese Aussage steckt im Prädikat. Das Wort ›Prädikat‹ kommt ebenfalls aus dem Lateinischen und heißt übersetzt ›Das Ausgesagte‹. Prädikate sind Verben, die eine Tätigkeit (z. B. ›gehen‹) bezeichnen. Prädikate können auch Hilfsverben (›sein‹, ›haben‹) sein, die zusammen mit einem Adverb (›krank‹) einen Zustand, eine Stimmung, ein Gefühl oder eine Tatsache beschreiben.

Beispiele:

Ich gehe.	Ich *(= Subjekt)* gehe *(= Prädikat)*
Ich bin krank.	Ich *(= Subjekt)* bin krank *(= Prädikat)*
Er hat Glück.	Er *(= Subjekt)* hat Glück *(= Prädikat)*

Oft wird die Aussage, die in einem Hauptsatz steckt, noch durch eine zusätzliche Information erweitert und dadurch genauer gemacht. Solche Informationen sind meistens dem Prädikat hinzugefügte Substantive. Sie heißen Objekt.

›Objekt‹ ist wieder Lateinisch und bedeutet das ›Entgegengeworfene‹. Das Objekt wird dem Prädikat sozusagen entgegengeworfen wie ein Ball, mit dem es spielen soll. Wenn ich zum Beispiel schreibe ›Er geht nach Hause‹, wird die einfache Aussage der Tätigkeit des Subjekts ›geht‹ genauer und anschaulicher gemacht, indem zusätzlich das Ziel des Gehens angegeben wird.

Er geht (= Aussage) nach Hause (= Objekt)

Objekte können auch längere Teilsätze sein wie in diesem Beispiel: »Er geht in sein gerade von ihm gekauftes, rot angestrichenes Holzhaus.«

Nebensätze sind im Gegensatz zu Hauptsätzen nicht selbstständig denkbar. Sie brauchen immer einen Hauptsatz in ihrer Nähe. Man könnte einen Hauptsatz mit einer kleinen Firma vergleichen, die etwas herstellt (nämlich Aussagen über Subjekte). Nebensätze wären dann so etwas wie deren Angestellte. Es gibt ganz viele Arten von Nebensätzen, die wir hier nicht aufführen müssen. Wichtig ist aber, dass Nebensätze durch verschiedene kleine Bindewörter (Konjunktionen, Relativpronomen) an Hauptsätze angekoppelt werden wie Waggons an die Lokomotive. Außerdem steht bei Nebensätzen das Prädikat gewöhnlich am Ende, während es bei Hauptsätzen meistens direkt hinter dem Subjekt kommt.

Beispiel:

Er ist müde *(= Hauptsatz)*, weil *(= Bindewort)* er zu wenig geschlafen hat *(= Nebensatz)*.

Das Wortsparschwein

Hauptsätze können fast beliebig lang werden, bis hin zu regelrechten Bandwurmsätzen. (Sie heißen so, weil Bandwürmer aus lauter aneinandergehängten einzelnen Bandwurmgliedern bestehen.) Man kann sie bewusst als Stilmittel einsetzen, um den Leser zu zwingen, sehr konzentriert zu lesen. Durch ihre Umständlichkeit belasten sie den Text aber auch. Wie weit man hier gehen darf, muss man ausprobieren.

Hier ein Beispiel:

Das kleine, schmächtige, junge Mädchen rannte eilig und mit schnellen, flinken Schritten über die enorm breite und glücklicherweise in diesem Moment von keinen Autos befahrene Straße.

 Erfinde selber einen Bandwurmsatz.

Ein solcher Satz hält den Gang der Handlung auf. Er verlangsamt das Tempo des Textes, vor allem weil

92

er zu viele Adjektive enthält. Im Folgenden wollen wir eine stilistische Überarbeitung vornehmen und Schritt für Schritt ausprobieren, was dadurch geschieht.

Dabei ist jetzt ein Wesen ganz unverzichtbar, das sich hiermit vorstellen möchte: das Wortsparschwein.

Das Wortsparschwein liebt überflüssige Wörter. Es schnüffelt zwischen den Sätzen herum und ist immer glücklich, wenn es sich Wörter einverleiben darf, die eigentlich nicht nötig sind. Es findet sie mit seiner feinen Nase, indem es verdächtige Wörter aus dem Text nimmt und dann prüft, ob sich dadurch etwas schwerwiegend verändert hat. Ist das nicht der Fall, schluckt es das überflüssige Wort einfach herunter. Besonders häufig ist dies bei Adjektiven der Fall, die manchmal gehäuft auftreten, weil der Schreiber das treffende Wort nicht gefunden hat. Das Wortsparschwein weiß nämlich: Jedes einzelne Wort ist kostbar, und zu viele Wörter verderben den Brei.

Unterstreiche zunächst die Wörter im letzten Textbeispiel, die dem Wortsparschwein schmecken könnten.*

Wenn das Wortsparschwein sie frisst, könnte der Satz jetzt so lauten:

> Das schmächtige Mädchen rannte mit flinken Schritten über die breite und in diesem Moment von keinen Autos befahrene Straße.

Das ist immer noch recht lang und umständlich formuliert. Man könnte dem Wortsparschwein also durchaus noch einmal etwas Gutes tun und ihm die Wörter ›mit flinken Schritten‹, ›und in diesem Moment‹ zukommen lassen. Man würde dann allerdings auf die In-

formation des Bedrohlichen verzichten (die Möglichkeit des Über-
fahrenwerdens):

> Das schmächtige Mädchen rannte über die
> breite, von keinen Autos befahrene Straße.

Diese Version wirkt immer noch unbeholfen. Die vielen verschwun-
denen Wörter haben einen Restsatz zurückgelassen, der nicht einmal eindeutig ist. Die Formulierung ›von keinen Autos befahrene‹
ist schuld daran, denn sie lässt offen, warum keine Autos fahren. (Ist
sie gesperrt? Ist gerade kein Verkehr?) Außerdem passt der lange
Ausdruck mit vier Wörtern nicht zum einzelnen Adjektiv. Man muss
also eine neue Formulierung versuchen.

 Versuche, die Information ›von keinen Autos befahren‹ stilistisch besser zu formulieren und eindeutiger zu machen.
Probiere es z. B. mit einem Relativsatz.※

 Warum ist die Formulierung in unserem Beispiel auf S. 99
genauer?※

Wir sind am Ende unserer stilistischen Überarbeitung und drasti-
schen Kürzungsversuche angekommen. Der Satz ist jetzt schlichter
geworden. Die Möglichkeit, dass das Mädchen überfahren wird, ist
im Satz immer noch schwach zu erkennen. Es ist ohnehin nicht die
beste Lösung, alles in einen Satz zu packen. Die Bedrohung sollte in
diesem Fall aus den Sätzen vorher und nachher (dem Kontext) her-
vorgehen.

Die Anordnung der Wörter im Satz

Nicht nur die Länge eines Satzes kann man als Stilmittel einsetzen. Auch die Anordnung der Wörter schafft unterschiedliche Effekte. Hier ein Satz, den wir nicht kürzen, aber dessen Wörter wir mehrfach umstellen wollen. Es ist erstaunlich, wie sehr die jeweilige Anordnung der Wörter den Stil beeinflusst. Der Aussagesatz lautet:

Meike und Jan gehen schnell durch den Wald zur Schule.

 Was schätzt du, wie viele weitere Aussagemöglichkeiten mit denselben Wörtern möglich sind?*

 Versuche, neue Sätze mit denselben Wörtern zu schreiben. Verändere dafür auch die Satzzeichen.*

 Worin liegen die Unterschiede?*

 Bilde selbst einen Satz und probiere die verschiedenen Möglichkeiten der Umstellung aus.

Die Umstellung von Wörtern in einem Satz nennt man *Inversion*. Man kennt das Wort aus dem Wetterbericht, wenn von einer Inversionswetterlage die Rede ist. Warme und kalte Luft haben ihre Plätze getauscht: Eine warme Schicht liegt über der kalten. Wenn nun die Sonne scheint, erwärmt sich die kalte Luft am Boden, aber sie kann nicht aufsteigen wegen der wärmeren Luftschicht über ihr und dadurch entstehen Nebel und Smog.

Auf die Sprache bezogen bedeutet Inversion, dass Teile des Satzes ihre Position getauscht haben und nun an Stellen erscheinen, wo sie nach der normalen Grammatik nicht hingehören. Das kann ein Stilmittel sein, vor allem in Theaterstücken und in Gedichten. Früher waren Inversionen in Texten übrigens viel üblicher als heute.

Die Rolle der Nebensätze

Nebensätze bieten viele Möglichkeiten, was ihre Stellung zum Hauptsatz anbelangt. Man kann sie 1. vor den Hauptsatz stellen, man kann sie 2. in den Hauptsatz einschieben und man kann sie 3. ans Ende hängen. Auch das hat stilistische und inhaltliche Konsequenzen, wie wir gleich sehen werden.

(1) Weil sie Lust dazu hat, geht sie ins Kino.

(2) Sie, weil sie Lust dazu hat, geht ins Kino.

(3) Sie geht ins Kino, weil sie Lust dazu hat.

 Welche Variante ist wohl die normalste?[*]

 Welche Variante empfindet man als künstlich?[*]

Was am Anfang eines Satzes steht, wird als besonders wichtig empfunden. Im Fall (1) ist es das Bedürfnis der Person, ins Kino zu gehen. Im Fall (2) ist es die Person selbst. Vielleicht soll sie herausgehoben werden aus einer Gruppe von Personen, die nicht ins Kino gehen wollen. Im Fall (3) wird die Tatsache des Kinobesuchs betont. Die Person könnte ja auch etwas anderes unternehmen.

All das sind Feinheiten, Nuancen, aber sie haben im Rahmen einer Erzählung durchaus Einfluss auf die Wirkung des Textes.

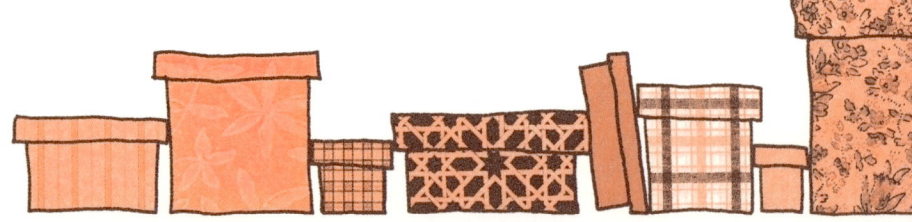

Schachtelsätze

Schachtelsätze heißen so, weil mehrere Nebensätze in ihnen ineinandergeschachtelt sind:

> Die Frau, die am Waldrand wohnt, weil sie da
> ein Häuschen, das klein, aber sehr gemütlich ist,
> besitzt, möchte gerne, während sie aus dem
> Fenster auf den See, der noch gefroren ist, schaut,
> ein Buch, das sie sich ausgeliehen hat, lesen.

 Was wirkt an diesem Schachtelsatz komisch? Beachte vor allem die Verben (Prädikate)!⁎

 Finde den Hauptsatz heraus und schreibe ihn auf.⁎

 Bilde Hauptsätze aus allen im Beispiel vorkommenden Nebensätzen.⁎

 Ordne diese Sätze so, dass sie sich flüssig lesen lassen.⁎

Ein reiner Hauptsatzstil wirkt in diesem Fall ziemlich hölzern, da er wenig abwechslungsreich ist.

 Versuche, eine Form zu finden, die ein guter Kompromiss zwischen Haupt- und Nebensätzen ist.⁎

Es könnte die Tatsache betont werden, dass die Frau am Waldrand wohnt und lesen möchte. Aber vielleicht ist der Blick auf den See wichtiger?

 Schreibe eine entsprechende Fassung.⁕

Bei unserem Vorschlag (s. S. 100) hat ein bereits bekanntes Wesen zugeschlagen: Die Wörter ›klein‹ und ›gemütlich‹ sind verschwunden.

 Welche Formulierung könnte dem Wortsparschwein noch schmecken, weil sie sehr umständlich ist?⁕

Folgende Version könnte übrig bleiben:

Die Frau schaut aus dem Fenster ihres
Häuschens auf den gefrorenen See. Sie möchte
ein Buch lesen, das sie sich ausgeliehen hat.

Textmuster

Fassen wir zusammen: All die genannten Faktoren – Satzlänge, unterschiedliche Häufigkeit von Haupt- und Nebensätzen, Inversionen – bilden in einem Text ein Muster, das wie ein Teppich unter seinem eigentlichen Inhalt liegt. Das Muster dieses Teppichs ist der Stil, der die Wirkung der Sprache stark mitbestimmt. Wir achten gewöhnlich kaum auf diesen Teppich, weder beim Schreiben noch beim Lesen. Aber er ist da, und er kann die Wirkung einer Geschichte positiv oder negativ beeinflussen. Auch wenn man erst einmal drauflosschreibt und einfach nur etwas erzählen will, muss man sich irgendwann um diesen Teppich kümmern. Spätestens beim Überarbeiten des Textes. Das bedeutet: überflüssige Wörter streichen (Wortsparschwein!), fehlende Wörter ergänzen (Wortschatz!) oder nicht zutreffende Wörter austauschen, durch Veränderungen des Verhältnisses von Haupt- und Nebensätzen den Rhythmus und das Tempo der Geschichte ihrem Inhalt anpassen (Katzensätze!).

Die beste Methode, die notwendigen Überarbeitungsschritte zu unternehmen, besteht darin, sich zunächst den Text selbst laut vorzulesen. Dann hört man plötzlich vieles, merkt, wenn die elegante Bewegung der Katze sich in ein Humpeln und Stolpern verwandelt hat oder wenn die Sätze zu langsam dahin schleichen.

Auflösungen aus dem 5. Kapitel »Was für Sätze macht die Katze?«

S. 87
⚹ *Zum Beispiel: Mist! Hallo! Komm! Was?*

S. 89
⚹ *Es regnet. Nichts blüht.*
⚹ *Fernes Donnern. Roter Horizont. Ein Toter!*

S. 93
⚹ *Kleine, junge, eilig, und, schnellen, enorm, glücklicherweise*

S. 94
⚹ *Zum Beispiel: Das schmächtige Mädchen rannte über die breite Straße, über die gerade kein Auto fuhr.*
⚹ *Das Wörtchen ›gerade‹ sagt aus, dass die Straße nicht immer leer ist.*

S. 95
⚹ *Wir sind auf über 20 gekommen.*
⚹ *Hier acht Beispiele:*
   (1) Meike und Jan gehen schnell durch den Wald zur Schule.
   (2) Zur Schule gehen Meike und Jan schnell durch den Wald.
   (3) Durch den Wald gehen Meike und Jan schnell zur Schule.
   (4) Gehen Meike und Jan schnell durch den Wald zur Schule?
   (5) Schnell gehen Meike und Jan durch den Wald zur Schule.

(6) Meike und Jan! Schnell durch den Wald zur Schule gehen!
(7) Zur Schule, Meike und Jan! Schnell durch den Wald gehen.
(8) Meike und Jan! Schnell zur Schule? Durch den Wald gehen!
✳ *Aussage (1), (2), (3), (5) Frage (4) Dialog (8) Aufforderung (6), (7)*
Die Aussagesätze (1), (2), (3) und (5) betonen jeweils etwas anderes im Satz
stärker. Von der ganz normalen Wortstellung in (1) weicht z. B. Nr. 5 ab durch
eine weniger gebräuchliche Umstellung. Eine noch künstlicher wirkende Umstel-
lung wäre: »Meike und Jan schnell durch den Wald zur Schule gehen«. Dieser
Satz würde uns im normalen Zusammenhang seltsam vorkommen. In einem
Gedicht oder Liedtext aber wäre er denkbar.

S. 96
✳ *Version (3)*
✳ *Version (2)*

S. 97
✳ *Die Verben sind zum Teil so weit weg vom Subjekt, dass man den Zusammen-*
hang verliert. ›Besitzt‹, ›schaut‹ z.B. wirken völlig isoliert.
✳ *Die Frau möchte ein Buch lesen.*
✳ *Die Frau wohnt am Waldrand. Sie besitzt ein Häuschen. Es ist klein, aber*
gemütlich. Die Frau schaut aus dem Fenster auf den See. Er ist noch gefroren.
Sie hat das Buch ausgeliehen.
✳ *Die Frau möchte ein Buch lesen. Sie hat das Buch ausgeliehen. Sie wohnt am*
Waldrand. Sie besitzt ein Häuschen. Es ist klein, aber gemütlich. Die Frau
schaut aus dem Fenster auf den See. Er ist noch gefroren.
✳ *Die Frau, die am Waldrand wohnt, möchte ein Buch lesen, das sie sich aus-*
geliehen hat. Sie schaut aus dem Fenster ihres kleinen, gemütlichen Häuschens
auf den See.

S. 98
✳ *Die Frau schaut aus dem Fenster ihres am Waldrand gelegenen Häuschen auf*
den gefrorenen See. Sie möchte ein Buch lesen, das sie sich ausgeliehen hat.

S. 99
✳ *am Waldrand gelegene*

6. Hinter den Eisblumen an meinem Fenster blüht eine Wiese

Wer einen Text schreibt, möchte, dass dieser seine Leser fesselt. Das gilt für Erzählungen, Krimis oder Romane genauso wie für Sach- und Informationstexte. Was aber gehört dazu, interessant und fesselnd zu schreiben? Um diese Frage zu beantworten, muss man wissen, was eigentlich genau zwischen dem Autor, dem Text und seinem Leser geschieht.

Vom Autor zum Leser

Vergleichen wir den Text mit einem Haus, das der eine baut und das der andere eine Zeit lang bewohnen will. Es soll so interessant gestaltet sein, dass der Leser darauf gespannt ist, hineinzugehen. Der Autor bringt alles in diesem Haus unter, was ihm wichtig ist: Gefühle, Gedanken, Erlebnisse, Atmosphäre, Personen, Bilder, Dinge. Dabei versucht er, alles so gut und überzeugend wie möglich zu gestalten. Endlich schließt er seine Arbeit ab und übergibt sie an den Verleger, der den Text drucken lässt und dem Leser als Buch zur Verfügung stellt.

Jetzt kann der Autor nichts mehr an seinem Textgebäude korrigieren: Was nicht enthalten ist, fehlt für immer. Was unklar ist, bleibt verwirrend. Was nicht lebendig geschrieben ist, lässt kalt. Dieser Gedanke kann Schrecksekunden für den Autor bedeuten!

Der Leser betritt seinerseits dieses Texthaus voller Erwartungen, denn er möchte ja etwas Neues kennenlernen: all das vom Autor Erlebte, Empfundene, Erfundene und Erdachte, seinen besonderen Blick auf die Menschen und die Welt. Ist das Haus gut gebaut, dann gewährt es dem Leser neue Einsichten und Erfahrungen und lässt ihn alles höchstpersönlich so erleben und empfinden, wie es der Autor einst tat. Wenn der Text nichts taugt, verlässt der Leser gelangweilt das Haus. Das heißt, er schlägt das Buch zu und legt es weg. Natürlich gibt es auch Leser, denen schlechte oder mittelmäßige Bücher gefallen, aber um die wollen wir uns hier nicht kümmern. Insofern gilt der schöne Satz: Das Buch liest den Leser.

Nehmen wir die Geschichte einer Freundschaft. An ihrem Beispiel wollen wir die Beziehung zwischen Autor, Text und Leser näher verfolgen. Zunächst muss der Autor entscheiden, zwischen welchen Figuren eine Freundschaft entstehen wird. Zwischen zwei Mädchen oder zwei Jungen, einem Jungen und einem Mädchen? Oder zwischen einem Tier und einem Menschen? Oder zwischen zwei Tieren, z. B. einem Hund und einer Katze oder einem Spitz und einem Spatz?

Dann geht es um die Frage: entsteht die Freundschaft langsam, unmerklich, dadurch dass man viel zusammen erlebt und anstellt, oder entsteht sie plötzlich durch ein besonderes Ereignis, eine Gefahr oder eine Rettungsaktion zum Beispiel? Der Autor muss dafür sorgen, dass der Leser sich in das Freundespaar hineinversetzen kann. Dabei kann er auf eigene Erfahrungen zurückgreifen, denn sicherlich war er schon einmal befreundet oder ist es immer noch.

Zusätzlich sollte er gut *recherchieren* – also Nachforschungen anstellen. Das französische Wort ›chercher‹ (suchen) steckt darin. Man muss also Quellen dazu befragen, was man in einer solchen Situation alles empfinden und erleben kann. Das können Verwandte und Bekannte sein, aber auch Bücher.

Jetzt beginnt das eigentliche Schreiben. Man will, dass der Leser mitgeht. Aber wie schafft man das?

Keine Überschriftenwörter

Wichtige Regel: Man darf die Dinge auf keinen Fall einfach nur zusammenfassen. Wie im folgenden schlechten Beispiel:

»Sie wurden plötzlich tolle Freunde. Es war einfach unbeschreiblich schön. Alles war gut mit ihnen. Sie waren so glücklich. Es war unglaublich usw.« Solche simplen Sprüche lassen die meisten Leser kalt. Sie bekommen den Sachverhalt ja einfach nur mitgeteilt und können sich nicht innerlich beteiligen.

Das liegt an extrem verallgemeinernden Wörtern wie ›schön‹, ›glücklich‹, ›toll‹, ›unglaublich‹. Solche Wörter beteuern Gefühle einfach, ohne sie anschaulich zu machen. Ein kleiner Trick hilft hier: Man kann sich solche Wörter nehmen und sie wie eine Überschrift setzen: »Ein schönes Gefühl«. Und jetzt kommt die eigentliche Arbeit, nämlich das zu schreiben, worin das schöne Gefühl denn besteht, wie es sich anfühlt. Nun kommt es darauf an, anstelle des pauschalen Ausdrucks ›schön‹ aussagekräftigere Wörter auszuwählen, Details und Kleinigkeiten zu finden, die den Moment begleiten, in dem die beiden Freundschaft schließen. Nur durch sie – und nicht durch ›Überschriftenwörter‹ – gelingt ein Text, an dem der Leser Anteil nehmen kann.

Wie nun kommt man zu diesen unentbehrlichen Details? Entweder nimmt man sie selber wahr, beobachtet sie an sich und anderen, oder man denkt sie sich glaubhaft aus. Betrachten wir die möglichen Einzelheiten, die einen solchen Freundschaftsmomenten im Hintergrund begleiten könnten: Geräusche, Gerüche, Farben, Stimmungen, Wettersituationen, Blicke, Bilder und vieles mehr. Als sich die beiden Personen, von denen erzählt wird, plötzlich als Freunde betrachten, spielt vielleicht gerade das Radio einen Schlager, oder eine Ameise kriecht über den Schuh des einen oder es gibt sonst eine Kleinigkeit, die den Augenblick in seiner Einmaligkeit und Intimität plastisch vorstellbar macht.

Wer nichts wahrnimmt, hat wenig mitzuteilen

Wer schreiben will, muss selbst ein Experte für Wahrnehmungen sein. Denn wer nichts wahrnimmt, kann nichts fühlen und nichts verstehen und daher auch nichts glaubhaft in einen Text verwandeln.

 Wie nimmt der Mensch die Welt außerhalb seiner selbst wahr, womit kann er sich orientieren?*

 Schreib sie auf und nenne das dazugehörige Sinnesorgan. *

 Gibt es eine Rangfolge in der Wichtigkeit der fünf Sinne?*

 Es gibt natürlich Ausnahmen im Leben. Kennst du welche?*

 Schreibe zu jeder Wahrnehmungsart einen Satz mit konkreten Details auf.*

Was kann der Mensch außer seiner Umwelt noch wahrnehmen?※

Es ist die innere Stimme des Körpers. Wir verspüren sie als etwas genauso Reales wie die äußeren Sinneseindrücke. Mit ihr verbinden sich oft auch seelische Stimmungen wie Fröhlichkeit oder Mutlosigkeit, Enttäuschung oder Hoffnung. All das lässt sich also über die Stimme des Körpers ebenfalls wahrnehmen.

Sinneswahrnehmung ist das A und O

Unsere fünf Sinne dienen unserer Orientierung, und sie liefern uns unverwechselbare Eindrücke. *Sinneseindrücke*, die unser Leben reich und vielfältig machen. Alles, was man unmittelbar erleben kann, wird über die Sinne aufgenommen.

Am stärksten ausgeprägt in unserer Welt ist das Sehen. Filme, Bilder, Fotos, Internet teilen sich über die Augen mit. Dann kommt der Hörsinn. Es folgen der Tast-, der Geruchs- und der Geschmackssinn, die in ihrer Wichtigkeit eng beieinander liegen. Diese Reihenfolge liegt wahrscheinlich in der Menschheitsentwicklung begründet. Als die Urmenschen in einer lebensfeindlichen Umgebung überleben mussten, kam es hauptsächlich auf scharfe Augen und auf ein gutes Gehör an, um Gefahren rechtzeitig zu bemerken. Auch heute noch gilt dies, zum Beispiel beim Fahrradfahren, wenn man ein Auto hören muss, das man nicht sehen kann. Manche Aussprüche, die unsere Sinne betreffen, verraten noch die alten Ursprünge ihrer Geschichte, so z. B. die Wendung »Sie können sich nicht riechen«. Damit gemeint ist eine gegenseitige Abneigung, nicht das Unvermögen, sich geruchlich wahrnehmen zu können. Gerüche sprechen also auch Gefühle an und vermitteln Sympathie oder Antipathie. Viele Tiere sind Meister darin, ihre Umwelt mithilfe der Nase einzuschätzen. In abgeschwächter Form gilt dies auch für Menschen und schon lange macht die Parfümindustrie sich genau dies zunutze.

Was Ninjas und Dichter gemeinsam haben

Das Schöne an der Wahrnehmungsfähigkeit ist, dass man sie steigern kann. Man kann tatsächlich lernen, seine Antennen für Wahrnehmungen empfindlicher zu machen und dadurch mehr und genauer wahrzunehmen. Das ist sehr aufregend und wir werden dir einige Tipps dafür liefern. Natürlich, wie bei allem, worin man Spezialist werden will, machen nur häufiges Üben und viel Erfahrung den Meister – das gilt für die Detektivin, den Jäger, den Ninja ebenso wie für den Dichter und den Koch.

Wahrnehmungs- und Beobachtungsübungen lassen sich jederzeit und überall machen. Auch wenn du dieses Buch schon durchgelesen hast und längst etwas anderes liest, kannst du sie fortsetzen. Auf dem Weg zur Schule, zu Hause, in der Schlange an der Kasse im Supermarkt, beim Arzt. Überall, wo du bist, und besonders überall, wo du warten musst. Beobachte, lausche, rieche, taste, schmecke! Notiere deine Eindrücke. Du wirst feststellen, dass das Leben dadurch viel interessanter wird. Plötzlich gibt es keine langweilige Wartezeit mehr, weil man sie auf diese Weise nutzen kann.

Hier einige Vorschläge, wie man seine Fähigkeiten in Sachen Wahrnehmung schärfen kann. Beginnen wir mit dem Sehen.

 Geh in einen dunklen Raum, knipse kurz das Licht an und mach es nach einigen Sekunden wieder aus. Dann geh nach nebenan und schreibe auf, was du alles bemerkt hast: Gegenstände, ihre Lage zueinander, Farben, Tapetenmuster, Vorhänge usw.

 Nun eine gezielte Beobachtungsübung. Bitte jemanden, in einem dir vertrauten Raum – dem Wohnzimmer zum Beispiel oder deinem eigenen Zimmer – eine Kleinigkeit zu verändern, ein Buch woandershin zu legen, das Radio zu verschieben oder etwas Ähnliches. Dann betritt den Raum und versuche, herauszufinden, was verändert worden ist.

 Geh durch eine Straße, durch euren Garten oder über einen Platz und schreibe anschließend deine Wahrnehmungen und Beobachtungen auf. Du kannst jetzt zusätzlich auch Geräusche und Gerüche festhalten.

 Nun ein Hörprotokoll: Setz dich an einen Platz deiner Wahl, eine Einkaufsstraße, einen Hinterhof, an den Waldrand, in den Park, in eine Ecke des Schulhofs, schließe die Augen oder verbinde sie dir und höre für ein paar Minuten intensiv hin. Schreibe anschließend deine Eindrücke stichwortartig, aber so genau wie möglich auf.

Hättest du erwartet, so viele verschiedene Dinge zu hören?

Ähnliche Wahrnehmungsübungen lassen sich auch mit den anderen Sinnen durchspielen.

 Ein Riechprotokoll: Setz dich an einen Ort, am besten vielleicht in eine Küche, schließ die Augen und versuche, unterschiedliche Gerüche wahrzunehmen. Schreibe sie anschließend auf.

 Zerreibe Blätter von verschiedenen Kräutern wie z. B. Pfefferminze, Rosmarin oder auch Rosenblätter und identifiziere sie am Geruch.

 Eine Tastübung: Zwei oder mehr Freunde/Freundinnen sind anwesend. Du sitzt mit verbundenen Augen auf einem Stuhl. Vor dir ein leerer Stuhl. Eine der Anwesenden soll sich auf ihn setzen. Dann sollst du durch Tasten herausfinden, wer es ist. Schreibe anschließend auf, woran du die Person erkannt hast.

 Bitte jemanden, verschiedene Gegenstände aus deinem Zimmer auf einen Tisch zu stellen. Mit verbundenen Augen sollst du durch Tasten herausfinden, welche es sind. Du kannst es schwieriger machen, indem auch fremde Gegenstände dazugestellt werden.

 Auch das Schmecken lässt sich üben: Lass dir von jemandem verschiedene Schälchen mit Essbarem füllen und versuche mit verbundenen Augen herauszufinden, was es ist. Versuche anschließend, die verschiedenen Geschmäcker zu beschreiben.

 Probiere das Gleiche mit Getränken aus.

Wahrnehmung ist etwas, was jeder Mensch bis zu einem gewissen Grad automatisch macht. Umso erstaunlicher ist es, festzustellen, wie unterschiedlich die Wahrnehmung der verschiedenen Menschen sein kann, wie viel der eine und wie wenig der andere zuweilen wahrnimmt, und auch, wie subjektiv die Art der Wahrnehmung ist.

 Probier dies selbst aus, am besten mit deinen Freundinnen oder Freunden oder deiner Familie.
(1) Geh an einen vertrauten Ort und bitte jeden, seine Eindrücke und Wahrnehmungen schriftlich festzuhalten.
(2) Probiere das Gleiche mit einem unvertrauten Ort. Vergleiche die Ergebnisse.

Du wirst vermutlich feststellen, dass jeder auf andere Dinge achtet. Der eine hört hauptsächlich Motorengeräusche verschiedener Fahrzeuge, der andere unterschiedliche Vogelstimmen, der Nächste sieht sehr viel, der andere wiederum hat vor allem etwas gerochen. So unterschiedlich die Menschen sind, so unterschiedlich sind ihre Wahrnehmungstalente. Denn Menschen sind geprägt von ihren Interessen und Erfahrungen, die schließlich ihre Geschichte ausmachen. Und diese Geschichte eines jeden spielt eine wichtige Rolle. Sie leitet seine Aufmerksamkeit in bestimmte Bahnen. Deshalb gilt der folgende Satz:

Jeder nimmt nur wahr, was er wahrzunehmen gelernt hat.

Das ist übrigens eine Erfahrung, die jeder machen kann, der sich einmal als Zeuge zur Verfügung stellt, wenn es um die Beschreibung eines Täters oder eines Unfalls geht. Dem einen ist dies aufgefallen, dem anderen das. Der eine ist überzeugt, die Jacke des flüchtigen Mannes sei dunkel gewesen, während der andere behauptet, sie war hell. (Vielleicht war sie grau – für den einen bereits eine dunkle Farbe, für den anderen eine helle.)

Auch aus dem Alltag kennt jeder Ähnliches: Wir haben die Beschreibung einer Person erhalten, die wir noch nicht kennen. Dann treffen wir sie und stellen fest: Diese Person sieht ja ganz anders aus, als sie mir beschrieben wurde. Nach der Beschreibung hätte ich sie nie erkannt!

Für das *subjektive Sehen* gibt es berühmte Beispiele. Eines soll hier abgebildet werden.

 Betrachte das Bild und beschreibe, was es zeigt. Eine alte Frau? Eine junge Frau?[*]

Kein Mensch kann in seinem Leben alles selber erleben und wahrnehmen. Auch wenn er hundert Jahre durch die ganze Welt reist, alle Orte besucht und alle Sprachen spricht, wird ihm am Ende mindestens das Gefühl fehlen, was es bedeutet, ein Leben lang an einem Ort zu wohnen.

Zum Glück aber ist der Mensch mit Vorstellungskraft ausgestattet, und die erlaubt es ihm, viele Dinge indirekt zu erleben. Indirekt bedeutet hier, dass ein Erlebnis aus zweiter Hand vermittelt wird: zum Beispiel durch Erzählen. Durch Befragen von Zeugen. Oder durch Lektüre.

Diese Quellen muss ein Autor nutzen. Eine gute Recherche führt dazu, dass etwas glaubhaft erzählt werden kann. Der Leser hat das Gefühl, selbst dabei gewesen zu sein. Und das alles ausschließlich mit den Mitteln der Sprache!

Von der Wirklichkeit in die Sprache

Wenn du Wahrnehmungsübungen machst, wirst du merken, wie viele Dinge es gibt, die man leicht übersieht oder überhört. Du wirst auch gemerkt haben, dass es sehr schwierig ist, sprachlich festzuhalten, was da eben zu hören oder zu fühlen oder zu riechen war. Manchmal lässt sich mit geschlossenen Augen nicht feststellen, um was für ein Geräusch es sich handelt. Dann wieder erkennt man es zwar, kann es aber mit Worten nicht richtig ausdrücken.

Das Wahrnehmen ist nämlich nur der erste Schritt. Der zweite, mindestens genauso wichtige Schritt ist das ›Übersetzen‹ des wahrgenommenen Eindrucks in Sprache. Und dieser Übersetzungsprozess hat durchaus seine Tücken.

Fangen wir an mit den akustischen Eindrücken. Welche Möglichkeiten hat man überhaupt, Geräusche und Töne wiederzugeben? Ein Beispiel: Man hört einen Mann mit Holzpantinen die Straße entlanggehen. Oder man hört den Regen gegen eine Fensterscheibe. Wie stellt man diese akustischen Eindrücke am besten dar?

Du hast schon im Zusammenhang mit Vokalen, Klängen und Silbenmusik akkustische Effekte kennengelernt. Um Höreindrücke direkt wiederzugeben, eignet sich naturgemäß die Lautmalerei. Im Fall des Mannes mit den Holzpantinen etwa könnte man die Laute so wiedergeben (oder ›malen‹): »Ta-tock, ta-tock. Ta-tock, ta-tock … man hörte seine Schritte.« Genau so hat es der Autor John Steinbeck (1902–1968) in seinem Roman »Straße der Ölsardinen« gemacht.

 Auf welche Weise wird hier der Eindruck des Gehens in Holzpantinen dargestellt?*

Nehmen wir das andere Beispiel: Regen. Wie klingt es, wenn er gegen die Fensterscheiben fällt? Plitsch? Plop plop? Patsch? Plip? Plitsch platsch? Hier ist die lautmalende Nachahmung nicht so einfach und kann leicht unbeholfen wirken. Zum Glück gibt es eine weitere elegantere Möglichkeit: Man benutzt ein lautmalendes Verb. Dann könnte es heißen: Der Regen *prasselte* gegen die Scheiben. Oder: Regen *trommelte* gegen das Fenster.

Wenn du die beiden sprachlichen Lösungen vergleichst, merkst du, dass der Höreindruck im zweiten Beispiel (trommelte, prasselte) schon nicht mehr ganz so direkt und unmittelbar ist wie im ersten Fall.

Die Problematik mit lautmalerischen Effekten (wie zum Beispiel ta-tock) ist die, dass sie im Stil nicht immer zum Rest des Textes passen wollen. Sie haben leicht den Charakter von Comic-Sprache. Wo diese passt, ist es perfekt, denn kürzer lässt sich ein akustischer Eindruck nicht wiedergeben. Aber wo sie nicht passt, muss man sich schon etwas anderes einfallen lassen. Es gibt in diesem Fall wieder die Möglichkeit, das lautmalende Verb in das entsprechende Substantiv zu verwandeln. Das Geräusch des Regens bekommt dadurch fast noch mehr sinnliche Kraft: »*Das Trommeln* des Regens gegen die Scheiben«, »*Das Prasseln* der Regentropfen gegen die Scheiben«.

Nicht immer ist die lautmalende Imitation eines Geräusches der beste Weg. Man kann auch die Gegenstände nennen, die für unterschiedliche Geräusche verantwortlich sind. Probier es aus und stell dich in die Küche. Was kannst du hören? Da wird Gemüse geschnitten, ein Kühlschrank brummt, eine Uhr tickt. Eine ganze Sinfonie von Nebengeräuschen! Je nachdem, welches Gemüse geschnitten wird, gibt es unterschiedliche Klänge. Wird eine Frühlingszwiebel in kleine Ringe zerschnitten, ist der Rhythmus des Messers schnell und kurz. Das Zerschneiden einer Paprika, die in lange Streifen geschnitten wird, klingt hingegen anders. Auch die Unterlage, auf der das Gemüse geschnitten wird, erzeugt eigene, ganz verschiedene Laute. Man kann zum Beispiel hören, ob ein Holzbrett benutzt wird oder eine Granitplatte oder eine aus Kunststoff. Es ist also keineswegs gleichgültig, welche Dinge ein Geräusch erzeugen und in welcher Umgebung. Für den Schreibenden bedeutet das: Je genauer man die Situation mit Worten einfängt, desto authentischer und lebendiger wird der Eindruck beim Leser ankommen.

Übe dich darin, genau zuzuhören. Wenn du mit geschlossenen Augen die Quelle der Geräusche nicht erkennst und
nicht zuordnen kannst, öffne die Augen und ermittle, was
das Geräusch verursacht.

Hier eine kleine Szene, die hauptsächlich von Höreindrücken lebt,
auch wenn auf direkte Lautmalerei weitgehend verzichtet wird. In
Ausdrücken wie ›dumpf‹, ›schrill‹ ist sie aber indirekt vorhanden:

EIN ABEND IM MIETSHAUS

Ich stehe am offenen Küchenfenster. Der Nacht-
himmel ist tiefblau und die ersten Sterne flimmern.
Vom Gartendreieck unten zwischen den Häusern
ist nur noch ein schwarzer Schatten zu sehen.
Für mich ist dies der Augenblick des Tages, in dem
der Sehsinn zurücktritt und das Hören die Regie
übernimmt. Das ununterscheidbare Grundsummen
der Stadt löst sich auf in deutlich vernehmbare
Einzelheiten: Das Rattern einer Fensterjalousie
in einer der unteren Wohnungen. Das Knirschen
von Kies, als jemand über den Hof geht. Das
langsam anrollende Auto im Hof nebenan, das
dumpfe Wummern eines Basses, das plötzlich
verstummt, das Schlagen einer Autotür. Schnelle
Schritte verhallen in der Toreinfahrt. Ein Vogel
im Baum vor dem Fenster zwitschert leise im Schlaf.
Das Geräusch einer sich öffnenden Balkontür über
mir, jemand gießt seine Blumen, ein Klatschen in
der Tiefe dort, wo danebengegossenes Wasser in

den Hof fällt. Das Schrillen eines Telefons von einer der gegenüberliegenden Wohnungen durchs geöffnete Fenster. Das Auflachen eines Mädchens, dann das Murmeln eines Gesprächs. Das leise Klirren, als ich ein Glas vom Glasregal nehme. Das Zischen beim Aufdrehen des Verschlusses einer Mineralwasserflasche. Das Gluckern, als ich Wasser ins Glas gieße.

 Auf welche Verben trifft zu, was als Substantivierung bezeichnet wird?*

 Denke dir ebenfalls eine kleine Szene aus, in der sich möglichst viele Höreindrücke, die du irgendwo vor Ort gesammelt hast, unterbringen lassen. (ca. ½ Seite)

 Probiere ähnliche Texte mit den anderen Sinneswahrnehmungen. Achte darauf, dass dabei jeweils ein Sinn vorherrschend ist, um einen geschlossenen Gesamteindruck zu schaffen.

Auch Geschmack und Gerüche spielen eine große Rolle in der Literatur. Patrick Süßkinds Roman »Das Parfum« lebt von der ausgiebigen Beschreibung von Düften. Der französische Schriftsteller Marcel Proust hat eine berühmte Szene geschrieben, in der der Geschmack eines kleinen Gebäcks mit dem Namen ›Madeleine‹ plötzlich die Erinnerung an die Kindheit des Autors aufsteigen lässt, verbunden mit einem eigenartigen Glücksgefühl. Eine Fotografie aus jener Vergangenheit hätte eine solche Auferstehung vergessener Zeit nie geschafft:

»Und dann mit einem Male war die Erinnerung
da. Der Geschmack war der jener Madeleine, die
mir am Sonntagmorgen in Combray, sobald ich
ihr in ihrem Zimmer guten Morgen sagte, meine
Tante Léonie anbot, nachdem sie sie in ihren
schwarzen oder Lindenblütentee getaucht hatte.«
... »Sobald ich den Geschmack jener Madeleine
wiedererkannt hatte, die meine Tante mir, in
Lindenblütentee eingetaucht, zu verabfolgen
pflegte, trat das graue Haus mit seiner Straßen-
front, an der ihr Zimmer sich befand, wie ein
Stück Theaterdekoration zu dem kleinen Pavillon
an der Gartenseite hinzu ... ebenso stiegen jetzt
alle Blumen unseres Gartens und die aus dem
Park von Monsieur Swann, die Seerosen auf der
Vivonne, die Leutchen aus dem Dorfe und ihre
kleinen Häuser und die Kirche und ganz Combray
und seine Umgebung, alles deutlich und greifbar,
die Stadt und die Gärten auf aus meiner Tasse Tee.«

 Vielleicht ist dir so etwas auch schon passiert. Wenn ja,
dann schreibe es auf.

Sinneseindrücke sind auch Gegenstand der Hirnforschung. Neue
Ergebnisse beweisen, dass alle Sinneseindrücke Spuren hinterlassen
im Gehirn. Diese werden oft schneller aktiviert als die Bedeutung,
die sich mit ihnen verknüpft. So kann z. B. das Klingeln eines Telefons eine Reaktion auslösen, noch bevor man begriffen hat, dass es
klingelt. Oder man hat einmal eine Melodie im Radio gehört, wäh-

rend sich ein schöner oder schlimmer Augenblick ereignete. Wenn diese Musik später erklingt, erlebt man den Augenblick jedes Mal wieder. Sinneseindrücke sind also oft mit bestimmten Gefühlen und Erfahrungen gekoppelt.

Das zweite wichtige Ergebnis der Hirnforscher in diesem Zusammenhang besteht darin: Abgespeicherte Sinneseindrücke – und das gilt für alle Sinne – werden über die Sprache aktiviert. Das heißt, man kann sie mit Beschreibungen wachrufen wie eine wirkliche Erfahrung.

Die Stimme des Körpers

Wir haben bestimmte Wahrnehmungen als die ›Stimme des Körpers‹ bezeichnet. Eng damit verknüpft sind Stimmungen. Sie sind weniger real als ein Schmerz beispielsweise, und doch empfinden wir sie ganz und gar als Wirklichkeit. Man kann sie sowohl bei sich selbst wahrnehmen und beobachten als auch bei anderen. Manchmal lässt sich schon am Gesichtsausdruck eines Menschen erkennen, wie er sich fühlt, in welcher Stimmung er ist. Ein Autor muss auch in diesem Bereich der Wahrnehmung besondere Fähigkeiten entwickeln und vor allem genau zu beobachten lernen.

Beobachten zu verstehen, ist eine gezielte Art des Wahrnehmens, und auch die lässt sich üben. Um den Unterschied an einem Beispiel zu verdeutlichen, nehmen wir einen Polizisten und einen Detektiv. Der Erste, verantwortlich für die Ordnung insgesamt, muss hauptsächlich wahrnehmen, was um ihm herum geschieht, wenn er durch die Straßen läuft. Es könnte ja etwas passieren, das sein Einschreiten verlangt. Der Detektiv dagegen hat einen anderen Auftrag. Er beobachtet gezielt, z. B. jemanden, über den er etwas herausfinden will oder den er beschatten soll. Ein Schriftsteller sollte beides können. Zum Beispiel sollte er in der Lage sein, den Gesichtsausdruck eines Menschen so genau zu beschreiben, dass man dessen Stimmung oder Gemütslage erkennt, ohne dass sie direkt benannt wird.

 Da wir Wahrnehmungserfahrungen oder Beobachtungen oftmals spontan machen, wäre es nicht verkehrt, sich anzugewöhnen, immer etwas zum Schreiben dabei zu haben. Und sei es die Rückseite eines Kassenbons und einen Bleistiftstummel. Man kann solche Notizen später in ein Heft übertragen. Mithilfe solcher Aufzeichnungen lässt sich selbst dann ein heißer Sommertag heraufbeschwören, wenn es draußen schneit und man vergessen hat, wie die Butter auf den Picknickbroten gelb fortgeschmolzen ist.

Auflösungen aus dem 6. Kapitel »Hinter den Eisblumen an meinem Fenster blüht eine Wiese«

S. 104
❊Durch seine fünf Sinne.
❊(1) sehen, Augen
(2) hören, Ohren
(3) riechen, Nase
(4) tasten (fühlen), Haut
(5) schmecken, Zunge, Gaumen
❊Sie entspricht den Ziffern (1)–(5). Das Sehen ist der wichtigste Sinn.
❊Für einen Koch stehen das Schmecken und Riechen an erster Stelle, für einen Musiker dagegen das Hören.
❊Zum Beispiel: (1) Der Himmel verfinsterte sich, eine Wolke zog vor die Sonne.
(2) Das Klappern der Mülltonnen im Hof war zu hören.

(3) Es roch herb und süßlich zugleich, wie Lavendel.
(4) Seine Hand war rau wie Schmirgelpapier.
(5) Der Wind schmeckte nach dem Salz des Meeres.

S. 105
⁕*Seine eigenen Körperempfindungen, wie z. B. Schmerzen, Herzklopfen, Jucken, Brennen, Müdigkeit, voller Energie sein, Aufregung, Hitze, Kälte*

S. 110
⁕*Beides. Je nach Sichtweise.*

S. 112
⁕*Der Dichter versucht eine lautmalende Nachahmung des Geräuschs durch den Klang der Wörter.*

S. 115
⁕*Das Rattern, das Knirschen, das Wummern, das Schlagen, das Klatschen, das Schrillen, das Auflachen, das Murmeln, das Klirren, das Zischen, das Gluckern*

7. Raumschiff Sprache

Die Magie der Beschreibung

Mit Texten kann man überallhin reisen – an jeden Ort im Universum und in jede Zeit. Der Fantasie sind beim Schreiben keine Grenzen gesetzt, abgesehen von der Grenze, die ein schlecht geschriebener Text darstellt, denn er legt der Fantasie des Lesers eher Fesseln an, als sie zu beflügeln. Ein guter Text aber zieht den Leser in den Bann.

Wesentlichen Anteil hierbei haben die Beschreibungen. Sie sind es, die jeden Text erst lebendig machen. Sie lassen den Leser eintauchen in andere Welten, gleichgültig ob sie real sind oder erfunden. Entscheidend ist allein, dass die Welt glaubwürdig wirkt. Und glaubwürdig ist sie dann, wenn der Leser sich an der beschriebenen Welt innerlich beteiligt fühlt. Dies ist hauptsächlich eine Leistung der Sprache. Denn vieles, was in einem Buch steht ist ja letztlich erfunden, und das ist dem Leser durchaus bewusst.

Im Kapitel zur Wahrnehmung haben wir ausprobiert, wie man sich Eindrücke verschaffen kann und wie man sie sprachlich umsetzt. Jetzt widmen wir uns einem beschreibenden Text als Ganzem und wollen versuchen, der Kunst einer guten Beschreibung auf die Spur zu kommen.

Der wichtigste Gesichtspunkt einer Beschreibung: Sie soll etwas anschaulich machen.

Man soll etwas beim Lesen so erleben, als wäre man selbst dabei gewesen.

Alles Mögliche soll und kann beim Lesen vor unseren inneren Augen und Ohren auferstehen: Orte genauso wie Personen. Gefühle, Stimmungen, Probleme und Gedanken. Andere Zeiten, wie zum Beispiel das Mittelalter oder eine ferne Zukunft mit ihren Klängen, Gerüchen und Geschmäckern.

Für den Autor heißt das: Ein realer Ort wie eine Straße in Berlin muss dem Leser genauso nahe gebracht werden wie ein fiktiver Ort mit außerirdischen Gesetzen auf dem Planet Solaris, der gestrige Tag genauso wie ein weit zurückliegendes Jahrhundert. Das gelingt nur, indem man die passenden Details und Einzelheiten findet und treffend beschreibt.

 Was kann alles beschrieben werden?*

Ein Grundproblem ist bei jeder Beschreibung gegeben: Auf dieselbe Sache reagieren verschiedene Menschen ganz unterschiedlich. Was der eine schön findet, findet der andere schrecklich. Wo der eine meint, es sei unordentlich, fühlt sich der andere gerade wohl. Es ist wie mit dem Bild vom Wasserglas: Der eine findet, es sei noch halb voll. Der andere meint, es sei schon halb leer.

 Kennst du noch andere Bilder oder Sprüche, die diese Tatsache ausdrücken?

 »Was dem een sin Uhl, is dem annern sin Nachtigall.« Was ist mit diesem plattdeutschen Spruch gemeint?*

Diese Erfahrung hast du sicher schon oft gemacht, man kann sie aber auch experimentell überprüfen.

 Bitte jeweils ein Kind, einen jungen Erwachsenen und einen alten Menschen, dir einen Moment zu schildern, den sie schrecklich fanden. Als Nächstes einen Moment, in dem sie sich wohlgefühlt haben. Schreibe die Äußerungen auf und vergleiche sie. Mach das Experiment noch einmal mit Personen des anderen Geschlechts.

Du hast jetzt sehr verschiedene Antworten zu den Stichworten ›furchtbarer‹ bzw. ›schöner‹ Moment«. Jede Antwort ist persönlich – im Erlebnis selbst und in der Wortwahl, wie es erzählt wird. Und genau darum geht es, wenn man etwas glaubwürdig beschreiben möchte: über das Allgemeine, das jeder sagen könnte (es war furchtbar/es war schön), hinauszugehen und überzeugende anschauliche Einzelheiten zu bieten, die vielleicht auch noch eine subjektive Seite vermitteln. Wichtig ist, dass man sich selbst befragt: Geht das nur mir so oder erleben das andere ähnlich? Erst wenn man begreift, dass nicht jeder andere etwas auf die gleiche Art erlebt wie man selbst, kann man sich öffnen für neue Eindrücke. Das ist sehr wichtig für einen Autor, der ja nicht unverbindlich schreiben will und zugleich eine möglichst große Leserschaft erreichen möchte.

Eine gute Beschreibung kann noch mehr, als etwas anschaulich vermitteln. Sie kann dem Text insgesamt eine bestimmte Tönung geben, eine indirekte oder auch symbolische Bedeutung beispielsweise, die der Leser entschlüsseln soll. Die Beschreibung einer Landschaft beispielsweise kann mehr sein als die Schilderung von Bergen und Tälern, einer Wiese an einem Wald. Sie kann ein Bild sein für ganz andere Dinge oder Gefühle, stellvertretend sozusagen. Sie kann für eine düstere Stimmung stehen oder für eine große Enge. Wir werden jetzt mehrere Arten von Beschreibungen unter diesem Gesichtspunkt betrachten.

Das Bild der Dinge

Beginnen wir mit dem scheinbar einfachsten: der Beschreibung eines schlichten Gegenstandes, zum Beispiel eines Stuhls.

 Was kann an einem Stuhl für seine Beschreibung wichtig sein?※

 Welche Art von Stühlen fällt dir ein?※

 Welche Materialien gibt es?※

 Setz dich vor einen Stuhl und beschreibe ihn.

Auch die Position eines Stuhles im Raum kann für eine Geschichte wichtig sein. Steht er einzeln oder in einer Gruppe? Versperrt er den Zugang zu etwas anderem? Vielleicht ist er umgefallen! Liegt etwas auf ihm, eine Serviette oder ein Kleidungsstück? Je nachdem, in welchem Zusammenhang (Kontext) die Beschreibung steht, sind unterschiedliche Dinge wichtig. Bei der Tatortbeschreibung in einem Kriminalroman beispielsweise ist Vollständigkeit der Beschreibung wichtig, da niemand vorher weiß, wozu die Beobachtungen noch gut sein werden. In einer Liebesgeschichte dagegen muss man abwägen, weshalb der Stuhl in Erscheinung treten soll und wie viel Bedeutung ihm zukommt. Eine sehr detailreiche Schilderung wie bei einem Tatort macht den Text hier womöglich schwerfällig und überladen. Aber vielleicht ist der Sitz noch warm von dem Menschen, der eben darauf gesessen hat; vielleicht ist noch ein Abdruck auf dem Kissen zu sehen. Das kann bei einer Liebesgeschichte eine wichtige Information sein.

 Verändere jetzt deine Stuhlbeschreibung so, dass sie
- in einen Krimi
- in eine Liebesgeschichte und
- in einen Abenteuerroman passt.

 Beschreibe andere Gegenstände (Tisch, Uhr, Bett) auf die gleiche unterschiedliche Weise.

Die Magie der Orte

Orte sind sehr wichtig für eine Geschichte. Es gibt kaum Texte, die ohne die Schilderung eines Orts auskommen. Alles, was in einer Geschichte passiert, geschieht schließlich an einem bestimmten Ort.

Liest man alte Texte, zum Beispiel »Die Odyssee« oder die »Ilias« des griechischen Dichters Homer (ca. 700 v. Chr.), fällt einem auf, dass Orte und Schauplätze hier oftmals überhaupt nicht bildhaft in

Erscheinung treten. Wir bekommen nur ganz allgemeine Eindrücke serviert, wie z. B. ›ein Meer‹ oder ›ein Gebirge‹. Inzwischen haben sich die Lesegewohnheiten stark geändert. Heute erwartet der Leser mehr Informationen über einen Ort, um sich eine möglichst detaillierte Vorstellung seines Aussehens zu verschaffen. Das gilt übrigens auch für erfundene Orte und Gegenden. Auch die will der Leser möglichst genau vor sich sehen können. Es reicht also nicht mehr wie zu Homers oder Shakespeares Zeiten, einfach einen Ortsnamen oder eine Landschaftsform zu nennen und sich darauf zu verlassen, dass der Leser sie durch die eigenen Vorstellungen bebildert.

Was man als Geschichtenschreiber also nicht oft genug üben kann: einen Ort so genau zu erfassen, dass er durch seine Beschreibung für den Leser wieder neu entsteht. Dafür ein paar Vorschläge, die diese Aufgabe erleichtern sollen. Sicher gibt es Orte, die du besonders gern magst. Zum Beispiel die Stelle im Park, wo der Kastanienbaum steht. Oder ein Platz in eurer Wohnung, in der Küche vielleicht oder im Garten. Vielleicht auch ein Café, in das du manchmal mit Freunden gehst. Oder eine Ecke auf dem Schulhof. Vielleicht auch ein Hinterhof. Ein schöner Gemüseladen in eurer Straße. Ein Zeitungsladen. Ein Sportplatz. Eine Bäckerei. Der Schrottplatz. Die Straße, in der dein Freund wohnt.

Und genauso wird es Orte geben, die du weniger magst. Etwa die Kühltruhengalerie im Supermarkt. Oder der Vorplatz eines Bahnhofs. Oder der Heizungskeller.

 Liste Orte auf, die dir besonders gefallen.

 Liste Orte auf, die du gar nicht magst.

Weshalb gefallen oder missfallen dir die Orte? Schreib die Gründe dafür auf.

 Gehe an diese Orte, sammle Details, die du dort wahrnehmen kannst, und schreibe sie auf.

 Jetzt beschreibe einen Ort, den du aus der Erinnerung gut kennst. Gehe anschließend dorthin. Hast du aus der Erinnerung alles richtig beschrieben? Könnte man neue Details hinzufügen, um den Text anschaulicher zu machen?

Für eine Geschichte kann es enorm wichtig sein, an welchem Ort sie spielt, ja, oftmals ist es sogar der Ort selbst, der ganz bestimmte Figuren und Dialoge, ganz bestimmte Konflikte oder Verhaltensweisen hervorbringt. Seine Beschreibung ist daher nicht bloß um ihrer selbst willen da. Außerdem sagt sie auch etwas über den aus, der all das wahrnimmt. Über seine Grundstimmung, seine Einstellungen. Über seine Erfahrungen und Gewohnheiten, seine Ansichten, seinen Geschmack, seinen persönlichen Lebenshintergrund. Derselbe Ort kann daher, je nachdem, wer ihn beschreibt, sehr verschieden dargestellt werden: Ein alter Mensch mit Gehstock wird einen weitläufigen Park anders erleben und beschreiben als Jungen oder Mädchen, die dort Fußball spielen.

 Suche dir einen Ort (z. B. einen Park) und befrage Menschen, was sie an ihm finden. Befrage Fußgänger, Autofahrer, Radfahrer, junge Mütter, alte Männer. Probier doch mal, einen Hund zu befragen und dir seine Antworten (Bellen, mit dem Schwanz wedeln) auszudenken.

Die Tatsache, dass die Wahrnehmung eines Ortes sehr subjektiv ausfallen kann, ist für einen Autor geradezu eine Chance. Denn so kann er bestimmte Stimmungen oder ein unmittelbar bevorstehendes Ereignis bereits in der Beschreibung eines Ortes anklingen lassen. Ein düsterer Hinterhof oder ein verlassen liegender Hafen kann dann mehr sein, als nur die Kulisse einer Handlung. Er ist womöglich selber eine Art Person, die am Fortgang der Geschichte teilhat.

Man kann zum Beispiel eine Landschaft so beschreiben, dass sie bedrohlich wirkt oder aber heiter, und das kann zu den Ereignissen der Geschichte oder zu den Personen und ihren Gefühlen passen – oder auch dazu im Kontrast stehen. Also ist es wichtig, nicht nur die räumlichen Gegebenheiten eines Ortes ins Visier zu nehmen, sondern auch andere Details, die seine Atmosphäre vermitteln.

Hierfür ein Beispiel:
Die Sonne schien durch das noch frische Laub der Buchen und warf immer neue Schattenkringel auf den Sandweg darunter. Die Linden waren aufgeblüht. Ihre winzigen, hellgelben Blütenbüschel dufteten betäubend süß, und man hörte das Summen und Brummen Hunderter Bienen.

 Welche verschiedenen Sinne werden hier angesprochen?*

 Welche Wörter innerhalb dieses Beispiels vermitteln die Atmosphäre?*

 Welchen Charakter hat diese Beschreibung? Ist sie eher persönlich oder eher neutral?*

Zieht sie den Leser an den Ort oder lässt sie den Leser gleichgültig?*

Welche Informationen liefert uns diese Beschreibung eigentlich genau? Nehmen wir die drei Sätze mal auseinander und betrachten wir ihre wichtigsten Stellen:

Die Sonne schien durch das ... Laub – das ist die Grundsituation: schönes Wetter, jemand beobachtet die Szene.

das noch frische Laub der Buchen – jetzt wird die Vorstellung konkreter. Es ist Frühling, das helle Grün ist die vorherrschende Farbe.

Schattenkringel – ein besonders schönes Doppelwort. Es vermittelt die Vorstellung von Schatten und Licht. Ein Kringel ist ein Kreis mit einem Loch in der Mitte. Hier ist der Kringel der Schatten, das Innere der helle Bereich. Hell und dunkel, aber auch Form und Muster und sogar Bewegung stecken in dem Wort ›Kringel‹, verstärkt noch durch den Zusatz ›immer neue‹. Es muss eine Bewegung geben, die immer neue Kringel entstehen lässt. Ursache könnte ein leichter Wind sein. Auch Nebenwörter (Konnotationen) stellen sich ein, wie z. B. Zuckerkringel.

Sandweg – Es ist also keine Stadtstraße. Vielleicht ein Parkweg oder ein Weg in einem Dorf. Auch das vermittelt einen Farbeindruck. Solche Wege sind hell, weiß oder gelblich und nicht dunkel wie eine asphaltierte Straße. Ihre Begrenzung ist auch nicht so ordentlich wie bei einer Straße mit gepflasterten Bürgersteigen. So entsteht der Eindruck von größerer Freiheit, von mehr Natur.

winzigen, hellgelben Blütenbüschel – hierzu muss man wissen, wie die Blüten von Linden aussehen. Vielleicht habt ihr schon welche gefunden im Mai oder Juni, wenn sie herabfallen. Oder ihr habt die grünen Kugelfrüchte gesehen, die an den Propellerblättern durch die Luft segeln.

duftenden betäubend süß – spät aber genau im richtigen Moment tritt die Sinneswahrnehmung des Riechens zum Bild hinzu. Ein Geruch, der sehr stark und süß ist. Wäre er früher im Text aufgetreten, hätte er vielleicht die feinen optischen Eindrücke überdeckt. Falls ihr ihn noch nie gerochen habt, sucht eine Linde oder geht in die Apotheke und fragt nach getrockneten Lindenblüten.

das Summen und Brummen Hunderter Bienen – zum Schluss tritt der Gehörsinn hinzu, und zwar gleich in doppelter Weise. Einmal wird gesagt, was zu hören ist: ein seltsames an- und abschwellendes Geräusch, das viele Bienen mit ihren Flügeln erzeugen, wenn sie von Blüte zu Blüte schweben, um Pollen für ihnen Honig zu sammeln. Zugleich wird dieses Geräusch lautmalerisch nachgeahmt: summen, brummen.

Fassen wir zusammen: Sehen, Riechen, Hören machen in diesem Fall aus der einfachen Tatsache eines sonnigen Frühsommertags ein sehr differenziertes Bild, das einen schönen Moment beschreibt. Im Rahmen einer Geschichte müsste die Person, die ihn erlebt, in einer glücklichen Stimmung sein, ohne dass dies direkt ausgesprochen zu werden braucht. An diesem Beispiel sieht man, wie wichtig es für einen Autor ist, sich mit dem auszukennen, was er beschreiben will.

 Probiere jetzt, selbst etwas zu beschreiben. Dazu beginnst du am besten mit einem Ort, den du gut kennst, der aber nicht zu unübersichtlich ist. Also nicht etwa dein ganzes Zimmer, sondern eine bestimmte Ecke darin. Versuche, so genau wie möglich zu sein. Vielleicht findest du auch das eine oder andere atmosphärische Detail.

 Geh jetzt in einen anderen Raum und male mithilfe deiner Beschreibung ein Bild der Ecke. Halte dich dabei genau an deinen Text, auch wenn es dich reizt, ein bisschen zu mogeln. Dann sieh dir dein Bild an: Ist das Wesentliche eingefangen? Kann man sich aufgrund deiner Worte den Platz vorstellen? Hast du etwas vergessen?

Natürlich kann man mit einer Beschreibung auch düstere Stimmungen vermitteln oder bedrohliche Situationen vorbereiten. Gehen wir noch einmal in den Sandweg mit den Linden und Bienen zurück. Stell dir vor, jemand, der gerade von einem Bienenschwarm verfolgt und von Bienen gestochen wurde, nimmt die gleiche Szene wahr. Wie würde die Beschreibung jetzt ausfallen?

 Beschreibe diese Situation in drei Sätzen. Lass die Angst der Person darin spürbar werden.

 Such dir einen Ort aus, an dem du kürzlich gewesen bist, als du gute Laune hattest. Beschreibe ihn. Und jetzt versuche, ihn aus der Sicht eines ärgerlichen, genervten Menschen zu betrachten, der bei jeder Kleinigkeit gereizt reagiert. Wie verändert sich der Ort, wie die Wahrnehmung?

 Geh bei gutem Wetter hin. Geh bei schlechtem Wetter hin und schildere deine Eindrücke.

Der Auftritt der Personen

Bei den Personenbeschreibungen ist die Palette der beschreibbaren Merkmale besonders groß. Sie umfasst als Erstes das äußere Erscheinungsbild, also das Aussehen, Haltung und Bewegung, aber auch die Ausstrahlung, das Benehmen, den Charakter und sogar die Stimmung der Person, die man vielleicht aus der Mimik ihres Gesichtes herauslesen kann.

 Schreibe äußerliche Merkmale auf, die sich zu einer Beschreibung heranziehen lassen.⁕

 Finde Adjektive zur Ausstrahlung einer Person und zu ihrer Art, sich zu bewegen.⁕

 Finde Adjektive zur Stimmung einer Person.⁕

 Finde Adjektive zum Charakter und zum Wesen einer Person.⁕

Um zu zeigen, wie schwer es ist, eine objektive Personenbeschreibung zu geben, unternehmen wir jetzt einen Ausflug in den Beruf des Polizeizeichners. Bei einem Verbrechen, einem Mord zum Beispiel, können verschiedene Zeugen eine verdächtige Person gesehen haben. Sie beschreiben sie bei einem Verhör, und aufgrund dieser Beschreibungen erstellt der Zeichner ein Porträt des Verdächtigen, ein sogenanntes Phantombild, mit dessen Hilfe man nun vielen Leuten eine Vorstellung vom Aussehen des Täters gibt, um ihn auf diese Weise leichter zu finden. Genauso sollst du jetzt verfahren.

 Nimm ein möglichst gutes Porträt- oder Passfoto einer Person und beschreibe deren Gesicht möglichst genau. Dann gib die Beschreibung zeichnerisch begabten Freunden, Bekannten, Verwandten und lasse sie ihre Phantombilder anfertigen. Vergleiche anschließend die Zeichnungen und entscheide, welches Bild dem Original am nächsten kommt.Statt eines Fotos kannst du auch einen lebenden Menschen beschreiben. Überlege auch, ob die verschiedenen, sicherlich voneinander abweichenden Phantombilder etwas über ihre Zeichner aussagen!

Und jetzt das Umgekehrte (falls du gut zeichnen kannst):

 Bitte jemanden, den du kennst, um eine genaue schriftliche Beschreibung einer Person, die in deiner Umgebung lebt, die du aber nicht kennst. Fertige ein Phantombild an und mache dich damit auf die Suche nach der Person.

Du wirst gemerkt haben, wie eine Beschreibung, auch wenn sie sich noch so sehr um Genauigkeit bemüht, durch Stimmung und Wesen des Beobachters beeinflusst wird. Es ist daher ein Glück, dass es in ausgedachten Geschichten nicht um objektive Personenbeschreibungen geht, sondern nur um möglichst glaubhafte, das heißt um solche, in die sich der Leser hineinversetzen kann, sodass er die Person beim Lesen vor Augen hat. Subjektivität ist jetzt also durchaus erwünscht.

 Stell dir folgende kurze Szene vor: Eine Person, die du kennst, betritt dein Zimmer. Du bist von diesem Besuch überrascht und erfreut. Jetzt beschreibe die Person, wie sie ins Zimmer kommt.

 Jetzt stell dir diese Szene vor: Du blickst aus dem Fenster. Draußen auf der Straße läuft dein Nachbar vorbei, dem du vor nicht allzu langer Zeit einen Fußball in die Fensterscheibe geschossen hast. Beschreibe ihn, wie er vorbeigeht und genau in diesem Moment zu deinem Fenster hinaufschaut.

Die genaue und abwechslungsreiche Schilderung der äußeren Merkmale einer Person ist für eine Geschichte sehr wichtig, wenn der Leser aus diesen auf die inneren Eigenschaften der Person selbst rückschließen soll. Manchmal ist es aber auch sinnvoll, solche Merkmale, Stimmungen und Charaktereigenschaften einfach direkt zu benennen. Hier zwei Beispiele:

Sie wirkte sehr traurig, als sie den Raum verließ.
Man sah ihm an, dass er bester Laune war.

Hier hört man jemanden ein Urteil fällen, und man muss es als objektiv hinnehmen. Solche Sätze können sinnvoll sein, um zum Beispiel das Erzähltempo zu beschleunigen. Man sollte aber als Autor bedenken, dass solche allgemeinen Formulierungen dem Leser wenig Gelegenheit geben, sich ein eigenes ›Bild‹ zu machen. Das schwächt die Identifikation des Lesers mit den Romanfiguren. Deshalb sind solche direkten Kennzeichnungen von Gemütsverfassungen oder Charaktereigenschaften in Geschichten sparsam einzusetzen.

Sehr gut ist es immer, wenn man die Beschreibung einer Person durch äußere Merkmale eng kombiniert mit ihrem Verhalten. Beides ergänzt sich zu einem Gesamteindruck, den der Leser nachvollziehen kann. Hier ein Beispiel: Im Roman »Die Entführung« von Robert Louis Stevenson (1850–1894) macht der junge David Balfour die für ihn so verhängnisvolle Bekanntschaft mit seinem bösen und hinterhältigen Onkel Ebenezer auf diese Weise:

Er war ein jämmerliches, gebeugtes, schmalschultriges, lehmgesichtiges Geschöpf. Sein Alter mochte zwischen fünfzig und siebzig schwanken. Seine Nachtmütze war aus Flanell und ebenso der Schlafrock, den er statt Rock und Weste über einem zerfetzten Hemde trug. Schon seit Langem hatte er sich nicht rasiert. Was mir jedoch das größte Unbehagen bereitete, ja mich sogar erschreckte, war, dass er mich nicht einen Moment aus den Augen ließ, mir aber auch nie offen ins Gesicht blickte.

So gut dieser Text ist, man merkt ihm sofort an, dass er weit über hundert Jahre alt ist.

 Woran liegt das? Wie würde man ihn heute umschreiben?﹡

 Versuche, einen verschlagenen, bösen, kriecherischen Menschen entstehen zu lassen, indem du Aussehen, Haltung und Verhalten beschreibst. Bedenke dabei, dass man negative Eigenschaften auf den ersten Blick oft nicht wahrnimmt, weil der Inhaber sie hinter einer schönen Maske versteckt.

Das Geheimnis der Augenblicke

Intensiv erlebte Augenblicke können etwas Besonderes, Rätselhaftes an sich haben. Sie können so stark sein, dass man meint, die Zeit verschwindet. Sie sind dann – so widersprüchlich das klingt – eine Form der Ewigkeit. Solche Augenblicke sprachlich zu vermitteln ist nicht einfach. Würde ich nur schreiben: »Es war ein besonders schöner Moment«, würde das den Leser völlig kalt lassen. Ich muss mir also die Mühe machen und versuchen, in den Text zu bringen, *was* den einmaligen Moment so schön gemacht hat bzw. den schönen Moment so einmalig.

Das Gleiche gilt natürlich für Augenblicke, die man als negativ empfindet, Schrecksekunden, Augenblicke der Angst. Auch hier wirken pauschale Beschreibungen wie »Ich hatte schreckliche Angst« oft zu banal, auch hier sollten Details die Beschreibung anschaulich machen.

 Welche körperlichen Reaktionen treten bei Erschrecken oder Angst auf?⁚

 Beschreibe mithilfe solcher Details einen Moment des Erschreckens.

Um das Gefühl der Angst zu vermitteln, können auch sehr gut Beschreibungen von Gegenständen, von Wetter, von Lichtstimmungen oder von bedrohlichen Geräuschen dienen.

 Stelle eine Liste von Details zusammen, von denen eine bedrohliche Atmosphäre ausgehen könnte.⁚

Schreibe eine bedrohliche Szene (z. B. mithilfe von Ausdrücken aus der Liste am Ende des Kapitels).

 Schreibe eine Angstsituation, die du selbst erlebt hast.

Besonders schwierig ist es, einen Moment, eine Stimmung, eine Situation zu einem ›Sprach-Bild‹ zu verdichten. Ein Bild in der Sprache ist verwandt mit den Bildern aus Malerei, Film und Fotografie: Einige wenige Wörter, die man normalerweise nicht zusammen verwendet, werden zu einem bildartigen, dichten Eindruck zusammengefügt, den der Leser unmittelbar verstehen kann als Ausdruck eines Gefühls oder eines bestimmten Eindrucks.

Beispiele:

Die Luft war bleischwer.
Eine Wolke aus Misstrauen verdunkelte seine Augen.
Sie schüttete ihm ihr Herz aus.

 Denke dir ähnliche Sprachbilder aus.

 Versuche, solche Sprachbilder in anderen Texten zu finden.

Sammeln und Auswählen

Hier noch ein wichtiger Punkt. Du hast bei den Wahrnehmungsübungen viele Eindrücke gesammelt und notiert. Mehr als genug vielleicht. Vielleicht so viele, dass man sie gar nicht alle unterbringen kann. Das ist ausgezeichnet als erster Schritt. Aber weitere Schritte müssen folgen.

Beim Schreiben eines Textes kommt es natürlich nicht darauf an, so viele Dinge wie möglich unterzubringen. Vielmehr geht es darum, diejenigen Eindrücke auszuwählen, die am besten geeignet sind, das wiederzugeben, was du beschreiben willst. Also genau das Detail zu finden, das am aussagekräftigsten ist. Es kommt eben auch auf die richtige Dosierung an. Das bedeutet: Man muss auch Ideen und Formulierungen, die einem beim Schreiben in den Kopf kommen, verwerfen können, wenn sie zu viel des Guten sind. Man muss also ständig abwägen, welche Details ins Bild passen, um es deutlicher und einprägsamer zu machen, und welche Details eher überflüssig sind. Denn wer von Einzelheiten, die keine Funktion haben, überhäuft wird, sieht bald den Wald vor lauter Bäumen nicht mehr!

Die Poesie der Gegenstände und die Imagisten

Es kann vorkommen, dass einem ein ganz alltäglicher Gegenstand, den man schon oft benutzt oder betrachtet hat, plötzlich rätselhaft und ungewöhnlich oder auch von besonderer Bedeutung vorkommt. Das muss dem amerikanischen Dichter William Carlos Williams (1883-1963) so gegangen sein, als er sein Gedicht »Der rote Schubkarren« schrieb.

 Kannst du den Text aus dem Englischen ins Deutsche übersetzen? Ein paar Wörter sind als Übersetzungshilfe angegeben.*

THE RED WHEELBARROW   *wheelbarrow: Schubkarre*
So much
depends upon   *to depend upon: abhängen*
a red wheelbarrow
glazed with rain   *to glaze: glasieren*
water
beside the white   *beside: neben*
chickens

Williams war einer der Ersten, der die Poesie und Schönheit
alltäglicher, unscheinbarer Dinge des Alltags unabhängig von
ihrer Funktion in seinen Gedichten zum Ausdruck brachte. Er
wird zu den Imagisten gerechnet (eine Gruppe von Lyrikern,
die sich 1910 in London gründete). Das Wort kommt vom
Lateinischen ›Imago‹ und bedeutet ›Bild‹.

Der österreichische Schriftsteller Hugo von Hofmannsthal
(1874-1929) hat 1902 in einem fiktiven Brief des Lord Chandos eine ähnliche Entdeckung beschrieben: Einfache Gegenstände können ein Geheimnis haben.

»... wenn ich an einem anderen Abend unter
einem Nußbaum eine halb volle Gießkanne finde,
die ein Gärtnerbursche dort vergessen hat, und
wenn mich diese Gießkanne und das Wasser in ihr,
das vom Schatten des Baumes finster ist, und ein
Schwimmkäfer, der auf dem Spiegel dieses Wassers
von einem dunklen Ufer zum andern rudert, wenn
diese Zusammensetzung von Nichtigkeiten mich

mit einer solchen Gegenwart des Unendlichen durchschauert ...«

Vielleicht ist es dir ja auch schon so ergangen, dass dir ein einfacher Gegenstand, eine Tasse, eine Pfütze, ein Baum, ein leer gegessener Teller oder irgendetwas anderes Alltägliches, plötzlich wie ein rätselhaftes Wunderwesen vorkommt.

 Wenn es so ist, mache einen kleinen Text daraus.

 Du kannst zu diesem Thema auch ein Experiment machen: Lege einen alltäglichen Gegenstand, einen Kamm, einen Löffel, ein Handy vor dich auf den Tisch und sieh ihn so lange an, bis er sich in ein rätselhaftes Wesen verwandelt. Gib ihm einen Namen, wenn du willst, und mache ihn zur Figur in einer kleinen Handlung.

Auflösung aus dem 7. Kapitel »Raumschiff Sprache«

S. 122
✳*Gegenstände, Personen, Orte, Landschaften, Augenblicke, Situationen, Geschehnisse, Träume, Gefühle, Gedanken, Wetter, Katastrophen, Schicksale, Ideen, Zukunft, Vergangenheit und vieles mehr.*
✳*Was sich für den einen wie der hässliche Schrei einer Eule anhört, klingt in den Ohren des anderen schön wie der Gesang der Nachtigall.*

S. 124
✳*Form, Farbe, Material, Funktion*
✳*Zum Beispiel: Sessel, Melkschemel, Klavierhocker, Zahnarztstuhl, Barhocker*
✳*Zum Beispiel: Leder, Holz, Eisen, Chrom, Kunststoff*

S. 128
✳ *Man sieht, hört, fühlt und riecht etwas.*
✳ *Adjektive wie frisch, neu, winzig, hellgelb, süß*
  Substantive wie Schattenkringel, Sandweg, das Summen und Brummen
  Verben wie aufblühen, duften
✳ *Sie enthält genaue Beobachtungen. Gefühle werden nicht geschildert. Aber*
  dadurch ist sie nicht unbedingt neutral.

S. 129
✳ *Die Eindrücke wirken unmittelbar und sehr direkt. Dadurch kommt das Gefühl*
  zustande, man sei dabei. Außerdem erzeugen die Eindrücke ein Wohlbefinden.

S. 132
✳ *Zum Beispiel:*
  Körpergröße (groß, klein, zwergenhaft, riesig …)
  Statur, Körperfülle (schlank, dick, dünn, mickrig, füllig …)
  Haare: Farbe, Frisur, Glatze
  Augen: Farbe, Größe, Stellung (blau, braun, groß, klein, rund, mandelförmig,
  eng stehend …)
  Nasen: Form, Größe (Hakennase, Stupsnase, schmal, römisch, groß …)
  Mund: Form, Lippen, Zähne (breit, schmallippig, zahnlos, ebenmäßig …)
  Gesichtsform insgesamt (rund, schmal, oval, länglich …); Kinn (weich, fliehend,
  kantig…); Stirn (hohe, niedrige …)
  Beine (lange, kurze, dicke, dünne …)
  Hautfarbe (dunkel, brünett, milchig, blass, sonnenverbrannt …)
  Körperhaltung (gebückt, aufrecht, kerzengerade, krumm …)
✳ *Zum Beispiel: hektisch, phlegmatisch, ruhig, gelassen, panisch, charismatisch,*
  unscheinbar, unauffällig
✳ *Zum Beispiel: trübsinnig, traurig, fröhlich, albern, depressiv, strahlend, ent-*
  spannt, frustriert, sauer, hoffnungslos
✳ *Zum Beispiel: arrogant, großzügig, hartherzig, überheblich, labil, dumm,*
  intelligent, freundlich, zynisch, verbittert

S. 135
✳ *Die Kleidung wirkt sehr altmodisch. Auch die Häufung der vielen Adjektive*
  wäre heute nicht mehr angemessen. Das Wortsparschwein könnte sich betätigen
  und beispielsweise ›jämmerliches‹ und ›schmalschultriges‹ verspeisen.

S. 136
✳ *Zum Beispiel: Haare stehen zu Berge. Gänsehaut. Aufgerissene Augen.*

Trockener Mund. Verkrampfte Muskeln. Aufschrei. Zitternde Knie.
Sich wie gelähmt fühlen. Herzrasen. Ohnmacht
✴*Zum Beispiel: Eine halb offene Tür. Ein auf- und zuschlagender Fensterladen.*
Eine knarrende Tür. Plötzlich erlöschendes Licht. Dumpfe Geräusche. Näher-
kommende Schritte. Leises Stöhnen. Dichter Nebel. Ein einzelner Schuh an
ungewöhnlicher Stelle. Ein Schlüssel, der im Schloss gedreht wird. Ein plötzlich
aufflatternder Vogelschwarm.

S. 138
✴DER ROTE SCHUBKARREN
So viel
hängt ab
von einem roten Schubkarren
glasiert von
Regenwasser
neben den weißen
Hühnern

8. Spiegelwörter

 Stell dich vor einen Spiegel. Was siehst du?*

 Seid ihr völlig gleich, du und dein Doppelgänger? Oder gibt es einen kleinen Unterschied? Hebe deine rechte Hand und sage, welche Hand dein Spiegelbild hebt.*

Weil die Seiten vertauscht sind, seht ihr euch nicht völlig gleich, sondern nur ähnlich. Du kannst das auch durch folgendes Experiment überprüfen. Bitte jemanden, sich vor einen Spiegel zu stellen. Stelle dich seitlich daneben und vergleiche das Aussehen der Person und ihres Spiegelbildes. Beobachte dabei vor allem das Gesicht.

 Siehst du einen Unterschied?

Es ist wie bei eineiigen Zwillingen. Sie sind sehr ähnlich, aber nicht völlig gleich. Das liegt daran, dass Gesichter nicht ganz symmetrisch sind. Wenn rechts und links vertauscht sind, verändert sich dadurch der Gesichtsausdruck.

 Was erzeugt das Bild – die Person oder der Spiegel?*

Das ist bei Gegenständen genauso. Es gibt bei einer Spiegelung also immer einen Teil, von dem das Bild ausgeht und einen Teil, der das Bild empfängt und widerspiegelt mithilfe der möglichst glatten, reflektierenden Oberfläche eines Spiegels. Wir nennen sie hier Bildspender und Bildempfänger.

Vergleiche

Schlagen wir von hier ausgehend die Brücke zu den Vergleichen in der Sprache. Auch sie bestehen immer aus zwei Teilen: aus einem, der das Bild spendet, und einem, der das Bild empfängt. Verbunden sind sie durch ›wie‹ oder ›als ob‹. Ein paar Beispiele:

Sie singt wie ein Engel.
Er klettert wie ein Affe.
Die Wolke sieht aus wie ein Stück Watte.
Sie duftet wie ein Veilchen.
Die Musik dröhnt wie ein Flugzeug.
Der Mond liegt wie ein großer, weißer Teller auf dem Tisch des Himmels.

 Schreibe andere Vergleiche auf.

 Was bewirken solche Vergleiche?*

Alle Sinneswahrnehmungen können
durch Vergleiche veranschaulicht werden.
Das gilt auch für weniger sinnliche Phänomene
wie Gefühle oder Stimmungen.

 Finde Vergleiche für Stimmungen und Gefühle.*

Bei all diesen Vergleichen gibt es ebenfalls einen Bildempfänger und einen Bildspender. Zwischen den beiden besteht immer eine Verbindung, und zwar eine bestimmte Ähnlichkeit, die leicht verstanden werden kann.

 Welches sind in unseren Vergleichen die Bildspender?⁎

 Welches sind die Bildempfänger?⁎

Und nun ein paar Beispiele, wie man einen Vergleich in einem Text einsetzen kann: Sie sah aus wie ein Fliegenpilz.

In diesem Fall ist die Fantasie des Lesers gefordert, sich die Frau vorzustellen. Es kann manchmal auch sinnvoll sein, den Vergleich weiter auszuschmücken, indem man Ähnlichkeiten genauer beschreibt. So wird der Vergleich für jeden leichter nachvollziehbar:

Sie sah aus wie ein Fliegenpilz. Ihr weiter roter Mantel war mit Schneeflocken bedeckt und dazu trug sie hohe, weiße Stiefel.

Oder:

In seinem dunkelbraunen Wollpullover, der über seinem dicken Bauch spannte, sah er aus wie eine Hummel. Und wenn er redete, glaubte man fast, ein dumpfes Brummen zu hören.

Bei Vergleichen sind der Kreativität keine Grenzen gesetzt. Je einfallsreicher und treffender, desto besser. Einzige Voraussetzung ist: Sie müssen unmittelbar einleuchten, sonst überzeugen sie nicht und verfehlen ihr Ziel, etwas verständlich zu machen. Wir haben es dann vielleicht mit einem ›schiefen Vergleich‹ zu tun bzw. mit einem Vergleich, der ›hinkt‹, wie es eine bildhafte Redensart in unserer Sprache zum Ausdruck bringt.

Blitzschnelle Einfälle

Im Folgenden ein paar Sätze, die nicht vollständig sind, sondern auf einen guten Vergleich geradezu warten.

Schreibe die Ergänzungen auf, und zwar so schnell du kannst. Versuche, den ersten Eindruck, der dir in den Sinn kommt, festzuhalten. Hör auf zu schreiben, wenn du langsam wirst. ※

(1) Der dünne, weiße Bart des alten Mannes sah aus wie ....

....

(2) Yasmina hatte einen Gang wie ....

(3) Der Igel sah aus wie ....

(4) Das Mädchen sprang die Treppe herunter wie ....

....

(5) Das Feuer wuchs aus dem Dachstuhl wie ....

....

(6) Der vermoderte Baumstamm im Fluss sah aus wie ....

....

Vom Vergleich zur Metapher

 Jetzt ein neues Experiment. Stell dich wieder vor den Spiegel und nähere dich deinem Spiegelbild. Komm ihm schließlich so nah, dass sich eure Stirn, eure Nasen, eure Brust, eure Schuhspitzen berühren. Was geschieht?*

Wenn sich der Bildspender und der Bildempfänger zu nahe kommen, entsteht ein seltsames Doppelwesen. Auf die Sprache übertragen nennt man dieses Doppelwesen eine Metapher. ›Metaphora‹ ist griechisch und bedeutet ›Übertragung‹. Man überträgt die Bedeutung eines Wortes (Bildspender) auf ein anderes (Bildempfänger). Der Abstand zwischen Bildspender und Empfänger ist bei einer Metapher so eng geworden, dass man auf das Verbindungswörtchen (wie, als ob) verzichten kann. Die Sprachform, die daraus entsteht, ist ein neues künstliches Wort.

Zum Beispiel: Flussschleife.

 Wie lautet der urprüngliche Vergleich?*

 Kennst du andere künstliche Wörter?*

Bei vielen Metaphern denkt man gar nicht mehr an den ursprünglichen Vergleich, zum Beispiel bei Eierschnee an den zwischen geschlagenem Eiweiß und Schnee. Oder an den zwischen Mond und Sichel. Das künstliche Wort ersetzt ein fehlendes Wort und ist längst in unseren vertrauten Wortschatz eingegangen. Solche Metaphern nennt man auch tote Metaphern. Tot, weil sie einem nicht mehr als Metapher bewusst sind. Wenn wir reden, benutzen wir sehr häufig solche toten Metaphern. Ohne sie wäre unsere Sprache viel ärmer, und es wäre viel umständlicher, sich präzise auszudrücken. Statt zum Beispiel zu schreiben: »Über den Bäumen stand die Mondsichel«, müssten wir schreiben: »Der Mond, der über den Bäumen stand, sah aus wie eine Sichel.«

 Fallen dir noch andere tote Metaphern ein?※

Woher kommen die Metaphern?

Hin und wieder lässt man den einen Teil der Metapher, und zwar den Bildempfänger, einfach weg. Dann entsteht ein Wort mit mindestens zwei Bedeutungen: Einer direkten und einer indirekten, übertragenen Bedeutung. Zum Beispiel das Wort ›Pferd‹. Es bezeichnet das Tier. Es gibt aber auch eine zweite Bedeutung dieses Wortes. Sie ist längst eine tote Metapher geworden, weil sie uns inzwischen so vertraut ist.

Weißt du, welches ›Pferd‹ gemeint ist?※

Tatsächlich hat irgendwann jemand diesen länglichen Lederkasten auf vier Beinen als Turngerät erfunden und ihn ›Pferd‹ genannt. Ein kurzer, praktischer Ausdruck, obwohl das Gerät einem richtigen Pferd nicht gerade besonders ähnlich sieht. Doch jeder weiß, was gemeint ist, wenn der Sportlehrer kurz und knapp ausruft: »Und nun ans Pferd!« Ein anderes Beispiel: das Wort ›Quelle‹.

 Was ist seine direkte Bedeutung?*

Wir benutzen den Ausdruck aber oft auch indirekt, also metaphorisch, wenn wir zum Beispiel sagen: Die Quelle allen Übels ist die Langeweile.

 Was ist hier die Bedeutung von Quelle?*

 Noch eine andere Metapher, die allerdings nicht tot ist, denn dazu wird sie zu selten verwendet: Was ist mit ›Wüstenschiff‹ gemeint?*

 Worin besteht in diesem Fall das Vergleichbare zwischen dem Bildspender und dem Bildempfänger?*

 Such dir andere Metaphern und schreibe den Grund ihrer Entstehung auf. Du darfst auch gerne eine Erklärung erfinden.*

Auch Verben können zu Metaphern werden, z. B. wie in ›Die Sonne lacht‹. Jeder weiß, was gemeint ist, obwohl die Sonne ja nicht wirklich lacht. Der Vergleich besteht im Strahlen. Die Sonne strahlt und ein lachender Mensch ›strahlt‹. Daraus ergibt sich: Die Sonne lacht. Der Ausdruck ›Er strahlt vor Freude‹ ist übrigens auch eine tote Metapher. Und wenn wir sagen ›Ein schiefer Vergleich‹ ist das ebenfalls eine Metapher. In diesem Falle wird das Adjektiv ›schief‹ metaphorisch verwendet. Sie bedeutet: Der Vergleich ist so schief, dass er gleich umfallen wird (und besser nicht in den Text kommt).

Natürlich gibt es nicht nur schiefe und tote Metaphern, sondern auch brauchbare, lebendige metaphorische Ausdrücke. Die Skala reicht sogar bis zu dem Punkt der dunklen, unverständlichen Metaphern, wie sie in der modernen Lyrik vorkommen. Metaphern lassen sich jedoch nur schwer einfach aus der Luft herbeizaubern, da sie in der Regel in einem Textzusammenhang (Kontext) stehen, den sie ja durch ihre Bildebene bereichern sollen. Trotzdem kann man sich auch spielerisch mit der Bildung von Metaphern betätigen.

Eine kleine Metaphernmaschine

 Schreibe untereinander verschiedene Substantive. Daneben eine Liste mit verschiedenen Verben.⁎

 Ziehe Verbindungslinien zwischen den beiden Listen und bilde verschiedene Ausdrücke mit den zwei Wörtern. Dabei darfst du kleine Ergänzungen machen, wenn notwendig.⁎

 Betrachte deine Kombinationen und entscheide in jedem einzelnen Falle, was der zufällige Ausdruck hergibt. Wo auf der Skala von normaler Ausdruck, tote Metapher, lebendiges Bild, dunkle Metapher könnte man ihn einordnen?⁎

 Probiere das Gleiche mit zwei anderen Wortarten: auf der linken Spalte untereinander Adjektive, in der rechten Spalte Substantive.⁎

 Schreibe einige Kombinationen auf.⁎

 Versuche, deine Kombinationen auf ihren Bildgehalt hin abzuklopfen. Findest du Gebräuchliches, Neues, Klischees, gute Einfälle? Begründe deine Urteile.

Titelfindung

Die Metaphernmaschine bringt die Fantasie in Schwung. Je nach Art der Wörter entstehen mehr oder minder poetische Bilder. Oftmals entstehen Titel, dafür lässt sich diese Übung ebenfalls sehr gut einsetzen.

Wichtig ist, zu entscheiden, auf welchem Punkt der Skala man den Ausdruck einordnen könnte. Oft geschieht es, dass man begeistert ist von seiner Neuschöpfung und dann eine Enttäuschung erlebt: Entweder versteht kein Mensch, was mit diesem Bild gemeint ist oder alle sagen: Das ist doch uralt! Wie kannst du das für deine Erfindung halten?

 Probier die Maschine mit anderen aus.

Jetzt wähle den Ausdruck, der dir am besten gefällt und stelle einen Textzusammenhang her, in dem er eine Rolle spielt. Schreibe also ein paar Zeilen, in denen dein Ausdruck vorkommt. Das kann z. B. in der letzten Zeile sein oder als Überschrift oder auch mitten im Text. Du kannst auch mehr als einen Ausdruck verwenden.

Mit diesem einfachen Verfahren kannst du dich darin üben, deine Bilder oder Einfälle auf ihre metaphorischen Möglichkeiten hin ›auszuleuchten‹ Du wirst allmählich ein immer besseres Gespür für solche verborgen liegenden Möglichkeiten entwickeln, durch die sich manchmal Dinge indirekt mitsagen lassen.

 Die beste Art und Weise, Erfahrungen zu sammeln und empfindlich zu werden für den Bilderreichtum, ist, zu lesen. Wenn man Bücher aus verschiedenen Zeiten liest, also solche, die heute geschrieben wurden, und solche die vor hundert oder zweihundert Jahren oder noch mehr entstanden sind, dann macht man obendrein spannende Entdeckungen. Denn manche Bildvorstellungen und Ausdrücke haben sich im Laufe der Zeiten stark verwandelt. (Z. B. das Wort ›toll‹, von der Tollheit herkommend, oder das Wort ›Himmel‹.)

Genitivmetaphern

Eine besondere Erscheinungsform der Metapher ist die Genitivmetapher, die sowohl in der Alltagssprache als auch in der Dichtung vorkommt. Ein Beispiel für eine gängige Genitivmetapher: der Dschungel der Großstadt. Bei dieser Form steht der Bildempfänger im Genitiv und ist mit dem Bildspender durch ein Artikelwort im Genitiv verbunden (z. B. ›der/des‹, ›eines/einer‹, ›dieser/dieses‹, ›jener/ jenes‹, ›meiner/meines‹, ›seiner/seines‹, ›ihrer/ihres‹).

Eine Mauer des Schweigens
Ein Sturm der Gefühle

 Für welche Vorstellungen stehen diese Metaphern?*

 Fallen dir noch andere Genitivmetaphern ein? Wenn nicht, erfinde einfach neue.

Es gibt Genitivmetaphern, bei denen beide Teile, Bildempfänger und Bildspender aus dem Bereich des Konkreten sind. Zum Beispiel:

Das Meer der Sterne.

 Bilde solche Metaphern.

Es gibt auch Fälle, in denen ein Teil der Welt des Konkreten und ein Teil der Welt des Abstrakten angehören. Zum Beispiel:

Die Früchte seiner Arbeit

Diese Form kann man beleben, indem man den konkreten Teil des Bildes genauer macht. Aus den Früchten z. B. werden die *faulen* Früchte. Schon ist die an sich tote Metapher lebendiger geworden und bekommt eine leicht andere neue Bedeutung:

Die faulen Früchte seiner Arbeit

Welchen neuen Akzent setzt diese Veränderung?*

Man kann auch einen anderen Wortteil verändern und somit ein neues, zugleich vertrautes Bild entstehen lassen. Ein Beispiel dafür ist der berühmte Romantitel »Die Früchte des Zorns« von John Steinbeck (1902–1968).

Wir haben die Bandbreite von Metaphern erwähnt, von der unbelebten über die lebendige bis hin zur dunklen Metapher (s. Kasten), vor allem in modernen Gedichten. Hier finden sich Metaphern, unter denen man sich nichts Genaues mehr vorstellen kann. Sie stellen oft spannende Wortbilder dar, vor allem, wenn man sie um ein Eigenschaftswort ergänzt. Zum Beispiel:

Das weiße Brot der Liebe
Der brennende Hunger der Stille
Der perlende Champagner seines Lachens

 Was könnte jeweils gemeint sein?*

 Bilde dunkle Metaphern.

Die Kunst des Unverständlichen

Schon die alten Griechen verwendeten häufig Metaphern. Homer zum Beispiel nennt die Morgenröte »die rosenfingrige Aurora«. Im Alten Testament, vor allem im »Hohen Lied«, wimmelt es von poetischen Bildern, Metaphern und bildhaften Vergleichen: »Deine Augen sind wie Tauben/ flattern hinter deinem Schleier« »Wie die Herde schwarzer Ziegen/ talwärts von dem Berge zieht/ fließt das Haar auf deine Schulter.« Wahrscheinlich sind Metaphern noch viel älter und Bestandteil der Sprachen der Urvölker, aus der Zeit bevor es eine Schrift gab. Dunkles, verworrenes Reden in seltsamen Bildern und Wortzusammenstellungen galt nicht als Zeichen für mangelnden Verstand, sondern eher für Nähe zu göttlichen Mächten und Zauberkräften. Die Medizinmänner nutzen eine solche schwer verständliche Ausdrucksweise, um ihre Sonderstellung zwischen Göttern und Menschen zu beweisen. Dabei halfen ihnen auch Rauschmittel wie Pilze, Alkohol und andere Drogen, unter deren Einfluss man besser fantasieren konnte. Die Dichter waren Erben dieser Tradition. Sie waren Spezialisten in dunkler Rede. Gegen Ende des 16. Jahrhunderts, in der sogenannten Barockzeit, wurde es zuerst in Italien und Spanien, dann auch in anderen Ländern Mode, sich möglichst verworren, dunkel und zugleich kunstvoll auszudrücken. Dazu erfand man dunkle Metaphern, bei denen wenig oder auch gar keine Ähnlichkeit mehr zwischen Bildspender und Bildempfänger besteht. Man nannte solche Metaphern Concetti.

Der italienische Dichter Giambattista Marino (1564–1625) umschreibt einmal schönes Wetter mit folgendem Concetto: »Die Sonnenpferde weiden überirdisches Futter im Stall des Himmels.« Der spanische Dichter Luis de Góngora (1561–1627) nennt Vögel »fliegende Violinen« und das Meer einen »Wellenacker«. Und der deutsche Dichter Andreas Gryphius (1616–1664) nennt die Sterne »Blumen, die die Auen (Wiesen) des Himmels schmücken«. Gegen Ende des 17. Jahrhunderts wird die Häufung dunkler Metaphern vielfach als schwülstig empfunden. Das Zeitalter der Aufklärung beginnt. Klare Sprache wird zum neuen Ideal. Erst gegen Ende des 19. Jahrhunderts kommt es vor allem in Frankreich zur Rückkehr der dunklen Metaphorik. Arthur Rimbaud (1854–1891) nennt sie seine Alchimie der Wörter und verwendet sie in seinem Gedicht »Die Vokale«, dem wir im ersten Kapitel schon begegnet sind.

Im 20. Jahrhundert tritt die dunkle Metapher als Stilmittel ihren Siegeszug in der modernen Lyrik an. Ein berühmtes Beispiel ist das Gedicht »Todesfuge« von Paul Celan (1920–1970). Es beginnt mit dem Concetto »Schwarze Milch der Frühe, wir trinken sie abends«.

Metaphern können einen Text interessanter und vielschichtiger machen. Sie sind – richtig eingesetzt – bildhaft, einprägsam, manchmal auch verstörend. Es ist daher wichtig, dass du Metaphern erkennst und bilden kannst, tote ebenso wie normale und dunkle. Du sollst dir auch zutrauen, neue Metaphern zu erfinden. Sehr wichtig für ihren Einsatz ist die Entscheidung, wo eine Metapher passt und wo nicht. Man darf sie nicht zu oft einsetzen, ein Text kann sonst schnell überladen oder gestelzt wirken.

 Übrigens: ›Ein gestelzter Ausdruck‹ ist auch eine Metapher, eine tote allerdings. Wie würdest du sie entschlüsseln?*

S. 143
✻ *Ich sehe mich selbst. Mein Spiegelbild.*
✻ *Es gibt einen Unterschied. Wenn ich meine rechte Hand hebe, hebt mein Spiegelbild die linke Hand. Rechts und links sind vertauscht.*
✻ *Natürlich die Person. Wenn ich weggehe, ist auch mein Spiegelbild verschwunden. Wenn ich aber den Spiegel wegnehme, bin ich immer noch da!*

S. 144
✻ *Man kann sich etwas besser vorstellen. Man sieht, hört, fühlt oder schmeckt es genauer.*
✻ *Zum Beispiel:*
Er fühlte sich heute wie ein nasser Waschlappen.
Sie kam sich so leicht vor, als ob sie gleich schweben müsste.

S. 145
✻ *Engel, Affe, Watte, Teller ...*
✻ *Sie, Er Wolke, Mond ...*

S. 146
✻ *Zum Beispiel:*
(1) Spinnweben, aufgeklebt, Zuckerwatte
(2) ein Elefant, eine Gazelle
(3) eine Kleiderbürste
(4) ein Flummi, ein kleines Äffchen
(5) eine rote Riesenzunge, ein großer roter Busch
(6) ein Krokodil

S. 147
✻ *Alles wird unscharf und verzerrt.*
✻ *Der Fluss verläuft im Bogen wie eine Schleife.*
✻ *Zum Beispiel:*
Hosenstall, Pferdeapfel, Eierschnee, Mondsichel, Stuhlbein, Glühbirne

S. 148
✻ *Zum Beispiel:*
Lampenschirm, Handschuh, Lebensweg, Schneebesen
✻ *Das Turngerät*

⁕ Es meint die Stelle, wo Wasser aus dem Boden oder einem Felsen sprudelt und ein Flüsschen bildet.

⁕ So viel wie Ursache, Ursprung. Die Quelle allen Übels bedeutet der Ursprung allen Übels. So wie die Quelle im Boden der Ursprung des Baches ist.

⁕ Ein Kamel

⁕ Ein Kamel bewegt sich beim Reiten auf und ab, wie ein Schiff, das durch die Wellen fährt. Außerdem gleicht die Wüste einem Meer aus Sand. Lange konnte man dieses Meer nur mit einem Kamel durchqueren, so wie man das wirkliche Meer nur mit einem Schiff befahren kann.

⁕ Zum Beispiel:

Nacktschnecke (Eine Schnecke, die ihr Haus verloren hat.)

Trommelfeuer (Viele Schüsse, die sich wie ein Trommelwirbel anhören.)

Kummerspeck (Wenn man dick ist, weil man aus Frust oder Kummer zu viel isst.)

Tannenzapfen (Weil beim Münchner Oktoberfest zum Bierzapfen ein Tannenholzfass verwendet wird.)

⁕ Zum Beispiel:

Pferd   lachen

Gießkanne   verlieren

Unglück   davonlaufen

Wind   flüstern

⁕ Folgende Kombinationen sind möglich:

Lachendes Pferd. Verlorene Gießkanne. Dem Unglück davonlaufen. Der Wind flüstert.

Der Pferdeflüsterer. Lachendes Unglück. Verlorener Wind. Davongelaufene Gießkanne.

Die Gießkanne flüstert. Das Unglück lacht mir. Davonlaufende Pferde. Usw.

⁕ Bei unseren Beispielen:

Die ersten vier Ausdrücke erscheinen einigermaßen üblich.

Die zweite Reihung hat interessantere Formulierungen zu bieten: »Der Pferdeflüsterer«, der als Buch- und Filmtitel berühmt wurde. Auch lachendes Unglück hat eine interessante Seite.

In der dritten Reihe scheint die Gießkanne aus einer Geschichte zu stammen, in der sie eine Person ist. ›Das Unglück lacht mir‹ ist ein Spiel mit dem gängigen Ausdruck ›Das Glück lacht mir‹.

S.151
✻ *Zum Beispiel:*

leise	*Liebe*
eisern	*Blick*
tiefgefroren	*Sicherheit*
tödlich	*Stern*
rot	*Glück*

✻ *Bei unseren Beispielen:*

Leise Liebe, tiefgefrorene Liebe, tödliche Liebe, rotes Glück, tiefgefrorener Stern, leiser Blick, leise Sicherheit …

✻ *Bei unseren Beispielen:*

›Leise Liebe‹ klingt schön, ›tödliche Liebe‹ ist ein Klischee, ›tödliche Sicherheit‹ kann sehr interessant sein, denn mit Sicherheit verbindet man ja das Gegenteil von tödlich.

›Tiefgefrorener Stern‹ ist möglich. Der Planet Pluto ist z.B. so weit weg von der Sonne und deswegen so kalt, dass man ihn durchaus als tiefgefrorenen Stern bezeichnen könnte.

Ein ›leiser Blick‹ ist interessant, da hier etwas Optisches mit etwas Akustischem kombiniert wird. ›Rotes Glück‹ geht, klingt aber komisch oder schwülstig, usw.

S. 153
✻ *Abweisende Stummheit*
Leidenschaft

S. 154
✻ *Die Frucht, also das Ergebnis seiner Arbeit, scheint nicht wirklich genießbar zu sein. Das Verfallsdatum ist bereits überschritten.*

✻ *(1) Liebe kann ein Nahrungsmittel für die Seele sein.*

(2) Eine Liebe kann so groß sein, dass sie alles verschlingt.

(3) Eine schöne, erfrischende Art des Lachens.

S.156
✻ *Das sind Wörter, die daherkommen wie ein Storch oder ein Reiher auf seinen langen Beinen. Das sieht irgendwie sehr vornehm aus, aber auch sehr steif.*

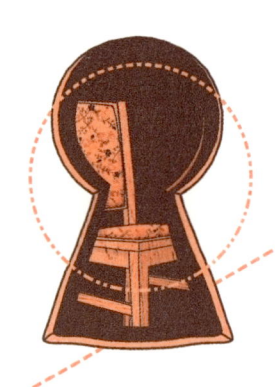

9. Frosch, Vogel oder Schlüsselloch – Ich, Sie, Er oder Es

Auf die Perspektive kommt es an

Das Wort Perspektive kommt aus der Malerei und meint den Blickwinkel, aus dem ein Maler einen Gegenstand malt.

Du kennst die Ausdrücke Froschperspektive und Vogelperspektive, und vielleicht hast du auch mal was von Schlüssellochperspektive gehört. Bei der Froschperspektive sieht man die Welt von unten, wie jemand, der bäuchlings auf dem Boden liegt. Dadurch bemerkt er sehr viele Details in unmittelbarer Nähe, aber er hat keinen Überblick. Bei der Vogelperspektive ist es genau umgekehrt: Man sieht die Welt aus großer Höhe und erfasst dadurch die großen Zusammenhänge sehr gut, aber es entgehen einem womöglich wichtige Details. Beim Blick durchs Schlüsselloch sieht man nur einen Ausschnitt. Probieren wir die Perspektiven einmal aus.

 Geh in den Garten oder in einen Park und leg dich ins Gras. Beobachte genau. Was siehst du? Vielleicht müht sich eine Ameise oder ein Käfer durch die Halme. Wie sieht die Umgebung aus dieser Position aus? Schreibe deine Eindrücke auf.

 Stell dich auf eine Bank, einen Baumstamm oder eine Mauer und beobachte alles um dich herum. Schildere deine Eindrücke aus der neuen Perspektive. Ist die Welt noch die gleiche wie zuvor?

Jetzt suche dir eine Tür mit einem Schlüsselloch. Hier kannst du – am besten unbemerkt – die Schlüssellochperspektive ausprobieren! Beschreibe, was du siehst.

Einen bestimmten Blickwinkel wählt man auch beim Schreiben eines Textes. Die erzählte Welt lässt sich aus großer Entfernung darstellen oder man taucht mitten in sie hinein, sie kann als Gesamtpanorama entstehen oder als kleiner Ausschnitt. Je nachdem, wie die Sichtweise angelegt ist, wird der Leser zum Beobachter gemacht, der alles aus gewisser Entfernung mitansieht, oder zum Beteiligten, der bei jeder Wendung des Geschehens mitzittert.

Erzählperspektiven

Bevor das erste Wort zu Papier gebracht ist, nimmt der Autor bereits eine Position ein, von der aus er das Geschehen betrachtet und darstellen will. Das ist die *Erzählperspektive*. Sie macht sich vielleicht nicht gleich im ersten Satz bemerkbar, doch es dauert nicht lange und der Leser weiß, wer ihm die Geschichte erzählt.

Stellen wir zunächst ein paar Fragen: Welche Figuren erscheinen uns nah, welche fern? Aus wessen Sicht wird denn überhaupt alles erlebt? Wer erzählt? Wer betrachtet? Rückt eine Figur dem Leser näher als eine andere oder sind sie alle gleich nah? Wessen Gedanken können wir kennenlernen und ihn deshalb verstehen? Mit wem fiebern wir mit – und warum? Wer bleibt uns gleichgültig, und wie kommt das zustande? Die Antwort auf all diese Fragen liegt in der Wahl der Erzählperspektive.

Nehmen wir als Beispiel einen Diebstahl. Er lässt sich aus verschiedensten Blickwinkeln schildern, aus der Sicht eines Zeugen, eines Kriminalkommissars, aus der Sicht der Putzfrau am Tag danach, aus der Sicht des Bestohlenen oder der des Diebes. Je nachdem, wer uns die Geschichte erzählt, werden wir anders auf das Thema eingestimmt. Wir können empört reagieren oder verängstigt, wir können Schadenfreude empfinden oder Mitleid haben. Das ist die Macht der Perspektive. Sie beeinflusst die gefühlsmäßigen Reaktionen des Lesers auf die Figuren und ihr Handeln ganz wesentlich. Die Wahl der Erzählperspektive ist daher für deinen Text eine der allerwichtigsten Entscheidungen überhaupt.

Es gibt mehrere Erzählperspektiven, entsprechend den möglichen Gesprächssituationen im Alltag. Vielleicht hast du dir zur Erzählperspektive nie viel überlegt, weil dir ganz selbstverständlich erscheint, wie du deinen Text erzählen willst: nämlich als dein ganz persönliches Erlebnis oder Abenteuer. In diesem Falle würdest du also mit deinem eigenen Ich beginnen. Etwa so: Als ich neulich mitten in der Nacht aufwachte, sah ich plötzlich einen ungewohnten Schatten am Fenster.

 Setze diesen Anfang um ein paar Zeilen fort.

Die Ichperspektive

Du hast sie gerade eben ausprobiert. Sie wirkt besonders natürlich, denn sie entspricht unserer alltäglichen Erfahrung: Wir treffen jemanden und erzählen ihm, was wir gerade erlebt haben. Automatisch wählen wir dafür die Ichform und erzählen in der ersten Person

Singular (Ich bin ..., Ich habe ..., Ich will ...). Der Zuhörer wird bei dieser Perspektive ganz direkt angesprochen und fühlt sich am Erzählten unmittelbar beteiligt.

Natürlich gibt es Geschichten, die du nicht selbst erlebt hast und die trotzdem in der Ichform erzählt werden sollen. Autor und Erzähler sind ja keineswegs immer dieselbe Person. Meistens denkt sich der Autor eine Figur aus, die an seiner Stelle die Geschichte vermittelt. Das kann natürlich wieder ein ›Ich‹ sein.

Auch in diesem Fall bewirkt die Ichform, dass man sehr direkt und nah am Geschehen ist. Der Leser kann sich gut an die Stelle des Erzählers versetzen. Schließlich ist ja die Ichperspektive unser aller Blick in die Welt. Es ist ein sehr persönlicher - man könnte auch sagen subjektiver - Blickwinkel. Der hat natürlich seine Einschränkungen, denn er ist gewissermaßen eine Art Schlüssellochperspektive. Allerdings sehen wir in der Regel aus zwei Schlüssellöchern gleichzeitig: unseren Augen. Auch wenn sie noch so scharf sind, sie können nicht alles sehen!

Der Icherzähler hat den Vorteil, dass der Leser immer geneigt ist, ihm seine Erfahrungen, seine Empfindungen und seine Weltsicht zu glauben, gerade weil sie eingeschränkt sind - subjektiv eben. Die Ichperspektive macht deutlich: Hier sagt jemand seine Meinung, obwohl er genau wie der Leser nicht alles wissen und sich sogar täuschen kann. Jedem Text wird durch diese Perspektive eine gewisse Echtheit verliehen. Er wirkt wirklichkeitsgetreu, selbst wenn ganz offensichtlich geflunkert wird wie zum Beispiel in den bekannten Lügengeschichten des Barons von Münchhausen:

Des Reitens müde, stieg ich endlich ab und band mein Pferd an eine Art von spitzem Baumstaken, der über dem Schnee hervorragte. Zur

Sicherheit nahm ich meine Pistolen unter den Arm, legte mich nicht weit davon in den Schnee nieder und tat ein so gesundes Schläfchen, dass mir die Augen nicht eher wieder aufgingen, als bis es heller lichter Tag war. Wie groß war aber mein Erstaunen, als ich fand, dass ich mitten in einem Dorf auf dem Kirchhofe lag! Mein Pferd war anfänglich nirgends zu sehen; doch hörte ichs bald darauf irgendwo über mir wiehern. Als ich nun empor sah, so wurde ich gewahr, dass es an den Wetterhahn des Kirchturms gebunden war und von da herunterhing. Nun wusste ich sogleich, wie ich dran war. Das Dorf war nämlich die Nacht über ganz zugeschneit gewesen; das Wetter hatte sich auf einmal umgesetzt, ich war im Schlafe nach und nach, so wie der Schnee zusammen-geschmolzen war, ganz sanft herabgesunken, und was ich in der Dunkelheit für den Stummel eines Bäumchens, der über dem Schnee hervor-ragte, gehalten und daran mein Pferd gebunden hatte, das war das Kreuz oder der Wetterhahn des Kirchturmes gewesen. Ohne mich nun lange zu bedenken, nahm ich eine von meinen Pistolen, schoss nach dem Halfter, kam glücklich auf die Art wieder an mein Pferd und verfolgte meine Reise.

Stellen wir uns einmal vor, diese Geschichte würde von einem verborgenen Beobachter erzählt, also aus der Er/Sie/Es-Perspektive. Sie klänge sofort noch weniger glaubwürdig, als sie ohnehin schon ist.

Die Überzeugungskraft, die in der Perspektive des Icherzählers selbst liegt, fehlt dann nämlich.

 Probiere es selber aus, indem du die ganze Geschichte in die Erform umschreibst.*

Man sieht also: Selbst einem Schelm hört man erst einmal gebannt zu, wenn er uns etwas persönlich erzählt. Und erst später mag man zu zweifeln beginnen und sich sagen: Das kann doch alles gar nicht wahr sein. Aber es klingt verdammt schön und überzeugend. Darin besteht die große Kraft der Ichperspektive.

 Schreibe drei verschiedene Anfänge in der Ichperspektive:
- zu einem wirklichen Ereignis, das dir passiert ist
- zu einer ausgedachten realistischen Geschichte
- zu einer fantastischen Geschichte

Die Verwandlungen des Ich

Das Ich, das eine Geschichte erzählt, muss, wie wir inzwischen wissen, nicht immer das persönliche Ich des Autors sein. Es kann auch ein anderes oder sogar völlig frei erfundenes Ich sein. Für einen Autor mit Fantasie gibt es ja die Möglichkeit, sich wie ein Schauspieler in alles nur Denkbare zu verwandeln. Beschäftigen wir uns einmal mit diesen Möglichkeiten und schlüpfen in die Haut eines anderen Ich. Beginnen wir mit einer einfachen Verwandlung:

 Schreibe einen kleinen Text aus der Ichperspektive, in dem

166

du von einem wirklich erlebten Moment oder einem Ereignis erzählst. Erzähle den Moment aus einer neuen Perspektive noch einmal. Bist du ein Mädchen, schreibst du aus der Jungenperspektive, bist du ein Junge, schreibst du aus der Mädchenperspektive. Verändert sich der Text dadurch?

Man kann auch das eigene Alter verändern und aus dieser verwandelten Ichperspektive schreiben. Aus der Sicht eines Kindes oder eines alten Menschen beispielsweise. Im Prinzip kann man allem ein Ich verleihen und dieses Ich erzählen lassen. Eine Wolke zum Beispiel oder ein Walfisch oder ein Geist. Wichtig ist nur, dass der Leser sich in dieses erfundene Ich hineinversetzen kann. Dazu muss der Autor mehrere Schritte unternehmen.

Sich in etwas hineinversetzen

Bringen wir jetzt ein solches fremdes Ich aus dem Alltag zum Sprechen. Um es glaubwürdig zum Leben zu erwecken, musst du dich verwandeln – ähnlich wie bei einem Kostümfest, wenn du in eine andere Rolle schlüpfst. Du musst die Perspektive des anderen Ichs einnehmen. Dabei kannst du nicht einfach von deinen Erfahrungen ausgehen.

Du kannst zwischen vielen Existenzen wählen:

Eine Pflanze

Ein Lebensmittel

Ein Gerät

Ein Gewürz

Ein Beruf

Ein Kleidungsstück

Ein Möbel

Ein Tier

Eine Flüssigkeit

Dies sind alles Sammelbegriffe. Sie sind so allgemein, dass sie sich schlecht personifizieren lassen. Ein Ich aber ist etwas sehr Einzigartiges. Deshalb muss jetzt ein spezielles Beispiel aus jeder Kategorie ausgesucht werden. Frag dich einfach: Was wäre ich am liebsten als ... (Gerät, Tier, Getränk ...)? Und schreib die Antwort dazu auf.

Zum Beispiel: Als Flüssigkeit wäre ich am liebsten eine Limonade. Oder: Als Tier wäre ich am liebsten ein Panther. Oder eine Muschel. Oder eine Schlange. Oder ein Elefant. Als Gerät wäre ich am liebsten ein Handy.

 Was wärst du am liebsten als ... Sammle Antworten in allen Kategorien.

Je nachdem, welche Antwort du gibst, hat man es mit einem ganz anderen Ich zu tun. Um es glaubwürdig darzustellen, musst du dir zunächst einige Fragen stellen und Antworten überlegen.

Hierfür ein Beispiel: In der Kategorie Gewürze beispielsweise soll es um einen Curry gehen, dem sein Leben nicht mehr gefällt. Wie aber sieht das Leben als Curry überhaupt aus? Versetze dich in seine Lage: Stehst du stocksteif in einem Glas im Gewürzregal und wirst nie benutzt? Vielleicht, weil der Koch nichts Scharfes mag? Wirst du davon ganz gelb vor Ärger? Oder bist du im Gegenteil ständig im Einsatz, sodass du kaum zur Ruhe kommst? Wer nimmt dich in die Hand? Jeder in der Familie oder vielleicht nur die kleine Tochter? Was geschieht, sobald du deine Gewürzdose verlässt? Bringst du die Leute ins Schwitzen, wenn sie dich zu schmecken bekommen? Greifen sie ganz schnell nach einem Glas Wasser?

Erst, wenn du ganz in deine neue Haut geschlüpft bist, wenn du ganz Curry (oder Elefant oder Limonade oder Handy) geworden bist, schreibe einen kleinen Text, der mit dem Satz beginnt:

Ich als ... möchte aus meinem Leben erzählen.

 Dieses Spiel lässt sich auch sehr schön mit mehreren spielen. Jeder kann etwas vorschlagen, dann wird das Schönste oder Lustigste oder Gruseligste ausgewählt.

 Entscheide, was du am liebsten sein magst und schlüpfe ganz in die ›Haut‹ dieses gewählten Ichs. Stell dir dein neues Leben vor. Lass dir Fragen stellen, die du beantwortest. Schreibe deine Erlebnisse und Gefühle und Wünsche in Form einer kleinen Rede auf.※

 Lest euch die Monologe gegenseitig vor. Anschließend lässt sich hieraus auch ein kleines Theaterstück machen, indem es zum Beispiel eine beleidigte Currydose, eine arrogante Spinne und eine glitschige Seifenlauge miteinander zu tun bekommen.

 Das Ganze kann auch als ein Rätsel geschrieben werden. Dann darf der gewählte Begriff nicht genannt werden, und die anderen müssen raten, um was es wohl geht.

Die Rolle einer anderen Person spielen

Hier ein anderer Schreibvorschlag, für den du zunächst ein bisschen lesen solltest, um die Figur, die du zum Sprechen bringst, überzeugend darzustellen. Dies ist auch ein schönes Gesellschaftsspiel: Indem man den Namen seiner Figur nicht verrät, sollen die anderen anhand des Textes erraten, um wen es sich wohl handelt.

 Stell dir vor, du wärst eine andere Person. Nimm dafür keine lebende Person aus deinem Umfeld, sondern lieber eine Kunstfigur. Hier ein paar Vorschläge, die du natürlich ergänzen kannst:
- die kleine Hexe
- der Rabe Abraxas
- das Rumpelstilzchen
- Esau aus der Bibel
- der Halbgott Narzissus aus der griechischen Mythologie
Versetze dich in die Lage dieser Person und bring sie zum Sprechen.

 Lies doch mal: Grimms Märchen, Ovids Metamorphosen, Heldensagen.

Je genauer du dich hineindenkst in dein neues Ich, je mehr du über es Bescheid weißt, desto mehr Register kannst du ziehen. Du wirst vielleicht etwas Lustiges oder Rätselhaftes, etwas Spannendes, Merkwürdiges oder auch sehr Erhellendes schreiben. Und auf indirekte Weise sagt dein Text vielleicht auch einiges über dein wirkliches Ich aus.

Das wirkliche Ich des Autors

Von sich selbst zu erzählen ist gar nicht so einfach. Da fehlt natürlich der Abstand, der Blick von außen. Texte, die mit der eigenen Person, mit dem eigenen wirklichen Ich zu tun haben, nennt man autobiografisch, sie sind ein besonderer Fall, denn man hat es im Grunde mit zwei Personen gleichzeitig zu tun: dem Ich, das jetzt lebt und erzählt, und dem Ich von früher, von dem erzählt werden soll. Natürlich ist es in Wirklichkeit ein und dieselbe Person, aber man kann sie nicht gleichzeitig beschreiben. Man braucht also zwei Personen. Das ist beinah so wie im doppelten Lottchen, nur dass dieselbe Person einmal älter und einmal jünger ist.

Angenommen, du willst etwas von früher erzählen, etwa, was dir einmal passiert ist, z. B. kurz nach deinem fünften Geburtstag. Dafür kannst du zwei Wege wählen: Du erzählst von heute aus, in der Sprache des älter Gewordenen, der zurückblickt. Oder du erzählst aus der Sicht des Fünfjährigen. Dessen Sprache zu treffen ist nicht einfach, denn leicht wird sie zu kindlich. Trotzdem ist dies eine sehr spannende Übung. Man spaltet sich gewissermaßen in sich selbst und seinen eigenen Doppelgänger auf. Probier es mal aus:

 Nimm ein Kinderfoto von dir und schreibe über den Moment der Aufnahme. Der Moment kann auch erfunden sein, wenn du dich nicht mehr erinnerst. Schreibe einmal aus der Sicht des Kleinkindes auf dem Bild. Dann schreib aus deiner heutigen Sicht über denselben Moment.

Die Er/Sie/Es-Perspektive

Obwohl die Ichperspektive uns besonders natürlich vorkommt, hat sie, wie wir bereits gesehen haben, einen Nachteil: Sie wirkt sehr subjektiv. Das Erzähler-Ich kann ja nur einen speziellen, eingeschränkten Blick auf die Welt haben. Ihm entgeht vieles, denn es kann die Menschen und Dinge nur von außen sehen und sich allenfalls seine Gedanken zu dem machen, was es wahrnimmt.

Die Er/Sie/Es-Perspektive vermeidet genau dieses Problem und ist deshalb wohl die bis heute häufigste Erzählperspektive in der Literatur geworden. Auch sie entspricht unserer Alltagserfahrung: Sie tritt immer dann auf, wenn wir etwas von einer anderen Person erzählt bekommen. Dabei bedient man sich gewöhnlich der dritten Person Singular (er/sie/es ging, denkt, hat // sie gingen/ denken /haben). Diese Perspektive ermöglicht es also, etwas aus dem Blickwinkel einer oder auch verschiedener Personen darzustellen.

Sie nimmt dabei den Blickwinkel eines außenstehenden Beobachters ein, ist also weniger persönlich als der Blick eines Icherzählers. Der Leser gewinnt den Eindruck, dass die Geschichte wirklich genau so geschehen ist, wie sie erzählt wird.

Vergleichen wir die Wirkung beider Perspektiven an einem Satzbeispiel:

An diesem Sonntag verließ ich das Haus nicht wie gewöhnlich um halb zehn, sondern erst um elf.

Diese Aussage kann stimmen, aber auch vorgetäuscht sein wie eine falsche Zeugenaussage vor Gericht!

Jetzt die Er/Sie/Es-Perspektive:

An diesem Sonntag verließ sie das Haus nicht
wie gewöhnlich um halb zehn, sondern erst um elf.

Hier besteht für den Leser kein Grund, diese Aussage zu bezweifeln.

 Schreibe diesen Anfang um zwei Sätze weiter.

Bei dieser Erzählperspektive sind wir als Leser aus einer neutralen
Beobachterposition am Geschehen beteiligt. Wir sehen die Figur,
erleben, was sie tut, wir hören sie sprechen.

Zum Beispiel:

An diesem Sonntag verließ sie das Haus nicht
wie gewöhnlich um halb zehn, sondern erst um
elf. Sie rannte zum Fahrradschuppen. In diesem
Moment lief ihr eine schwarze Katze über den Weg.
»Von rechts nach links – Glück bring's!«, rief sie
laut aus und lachte.

 Können wir aus dieser Erzählperspektive auch noch erfahren,
was die Person denkt? Können wir in sie hineinsehen?

Durch einen kleinen Kunstgriff ist dies möglich: indem direkt gesagt wird, was die Person gerade denkt. So könnte es also weiter-
gehen:

Glück, dachte sie. Das könnte ich jetzt gleich auch
ganz gut gebrauchen. Und sie holte ihr Rad aus dem
Schuppen und trat in die Pedale, um zu ihrer Verabre-
dung zu fahren.

Schreib diesen Anfang um ein paar Absätze weiter. Versuche dabei alle Ebenen – Handlung, direkte Rede, Gedanken – fortzuführen.

Folgende Möglichkeiten eröffnet uns diese Perspektive:

(1) Wir können die ganze Person in Augenschein nehmen. Wir sehen sie, vielleicht sogar unbeobachtet, wenn kein Mensch sie sehen kann. Das ist übrigens ganz anders als bei der Ichperspektive, wo wir die Person niemals von außen sehen können (außer, sie tritt vor den Spiegel und betrachtet sich selbst).

 Lass eine Person auftreten und konzentriere dich auf ihre äußere Erscheinung. Drei Zeilen genügen.

(2) Wir können die Person sprechen hören, ihre direkte Rede, die meistens in Anführungsstriche gesetzt ist. Wenn andere Personen hinzukommen und sie miteinandersprechen, nennt man diese Gespräche *Dialoge*. Ein Filmdrehbuch zum Beispiel besteht im Wesentlichen nur aus Dialogen.

 Lass nun eine andere Person hinzukommen und auch etwas sagen, sodass ein kurzer Dialog entsteht.

(3) Wir können aus dieser Erzählperspektive auch in das Innere der Person hineinsehen. Wir können ihre Gedanken und Gefühle, ihre Wünsche und Hoffnungen lesen.

Dazu gibt es zwei Möglichkeiten der Darstellung:

(1) Formulierungen wie »dachte sie«, »hoffte er« geben direkt Auskunft zum Innenleben einer Romanfigur. Zum Beispiel:

Wenn ich jetzt nicht rauskomme, drehe ich durch, dachte sie.

(2) Das Selbstgespräch. Man nennt es auch den *inneren Monolog.* Dieser steht natürlich automatisch in der Ichperspektive – so, als wenn du mit dir selbst sprichst. Zum Beispiel:

Hab gleich die Schulsachen fertig, jetzt nichts wie raus ... spielen ... Ach, Mist ... noch was vergessen ... der Vogel ... wieder kein Wasser ... nicht, dass er krepiert ...

 Schreibe einen kleinen inneren Monolog aus deiner Sicht. Drei Zeilen.

 Übertrage jetzt deinen inneren Monolog in die andere Darstellungsart.✳

 Denk dir nun einen eigenen Anfang zu einer Geschichte aus. Führe dabei alle drei Ebenen (Außensicht, Dialog, Innensicht) ein.

Natürlich gibt es auch die Möglichkeit, das Innenleben einer Person ganz und gar aus dem Text auszusparen und nur das zu schildern, was zu sehen und zu hören ist. Der amerikanische Autor Ernest Hemingway (1899-1961) hat dies sehr konsequent und lesenswert in seinen Büchern eingesetzt.

Bleibt noch die Frage: Und was ist mit der Person, die das alles wahrnimmt, beobachtet und erzählt? Sie ist ja in den wenigsten

Fällen der Autor selbst. Auch hier gibt es zwei Möglichkeiten: Entweder sie bleibt unsichtbar im Hintergrund und tritt nie in Erscheinung. Sie spricht den Leser nie an. Man weiß nicht, wie objektiv sie ist, wie viel sie wirklich weiß. Oder sie tritt indirekt in Erscheinung, und zwar durch die spezielle Art ihrer Beobachtungen und Wahrnehmungen. Diesen Fall müssen wir uns genauer ansehen, denn er ist spannend.

In unserem Beispiel mit der Fahrradfahrerin ist kein Erzähler als eigene Figur vorhanden. Und doch ist ein Erzähler im allerersten Satz spürbar, ohne dass er direkt in Erscheinung tritt:

An diesem Sonntag verließ sie das Haus nicht wie gewöhnlich um halb zehn, sondern erst um elf.

 Worin versteckt sich die Anwesenheit eines Erzählers?⁕

In dieser Wendung zeigt sich sehr schön, wie unauffällig eine Er/Sie/Es-Perspektive angelegt werden kann. Wenn man dies geplant hat, ist es gut. Anders der Fall, wenn man nicht aufmerksam genug war und ein solcher Ausdruck aus Versehen dazwischenrutscht. Dann schleicht sich nämlich plötzlich ein ungewollter Wechsel der Perspektive ein. Und das verwirrt den Leser. Dazu später noch ein paar Worte.

Eine kleine Szene

Als Nächstes sollst du versuchen, eine Szene zu entwickeln, in der Personen vorkommen, zwischen denen ein Dialog entsteht. Außerdem soll der Leser die Gedanken eines der drei Beteiligten direkt erfahren. Die Figuren dafür sollen sein: ein Junge, ein Mädchen, ein Hund. Du wirst merken, wenn du diese Übung machst, dass du schnell eine Entscheidung treffen musst, wessen Gedanken der Leser erfahren soll. Die Szene könnte z. B. folgendermaßen beginnen:

> Das Mädchen leinte ihren Hund an und fragte den Nachbarsjungen: »Willst du mitkommen?«
> »Wohin?«, wollte er wissen.

Bis jetzt ist die Perspektive noch nicht entschieden. Das passiert als nächstes.

 Schreibe verschiedene mögliche Fortsetzungen der Szene von oben. Der nächste Satz soll einen Gedanken enthalten.⁎

 Wessen Perspektive wird in unseren Beispielen auf S. 182 eingenommen?⁎

Die Er/Sie/Es-Perspektive ist weniger subjektiv als die Ichperspektive. Trotzdem erlaubt auch sie einen eigenen, typischen Blick auf die Welt. Hier ein berühmtes Beispiel von Franz Kafka (1883–1924), der Anfang der Erzählung »Die Verwandlung«:

> Als Gregor Samsa eines Morgens aus unruhigen Träumen erwachte, fand er sich in seinem Bett zu einem ungeheuren Ungeziefer verwandelt. Er lag auf seinem panzerartig harten Rücken und sah, wenn er den Kopf ein wenig hob, seinen gewölbten, braunen, von bogenförmigen Versteifungen geteilten Bauch, auf dessen Höhe sich die Bettdecke, zum gänzlichen Niedergleiten bereit, kaum noch erhalten konnte. Seine vielen, im

Vergleich zu seinem sonstigen Umfang kläglich dünnen Beine flimmerten ihm hilflos vor den Augen. »Was ist mit mir geschehen?«, dachte er. Es war kein Traum. Sein Zimmer, ein richtiges, nur etwas zu kleines Menschenzimmer, lag ruhig zwischen den vier wohlbekannten Wänden. Über dem Tisch, auf dem eine auseinandergepackte Musterkollektion von Tuchwaren ausgebreitet war – Samsa war Reisender –, hing das Bild, das er vor Kurzem aus einer illustrierten Zeitschrift ausgeschnitten und in einem hübschen, vergoldeten Rahmen untergebracht hatte. Es stellte eine Dame dar, die, mit einem Pelzhut und einer Pelzboa versehen, aufrecht dasaß und einen schweren Pelzmuff, in dem ihr ganzer Unterarm verschwunden war, dem Beschauer entgegenhob.

 Setze die Geschichte fort und dann lies, wie es Kafka gemacht hat.

 Schreibe eine kleine Verwandlungsgeschichte zum Beispiel mit dem Titel »Die Einsamkeit des Kanarienvogels« oder suche dir ein anderes Thema mit einer anderen Hauptperson aus. Verwandle dich z. B. in einen Maulwurf, der einen Gärtner mit seinen Haufen zur Weißglut gebracht hat und nun gefährliche Situationen erlebt.

Der allwissende Erzähler

Bei dieser Erzählperspektive schaltet sich ein Erzähler zwischen Leser und Geschichte und erklärt, ermutigt, kommentiert und begleitet das Geschehen. Zum Beispiel so: »Nun, lieber Leser, wirst du gleich erfahren, dass unser Held an diesem Morgen wenig heldenhaft in Erscheinung trat. Es begann nämlich damit, dass er – was sonst keiner wusste – am Tage zuvor zehn Eier gegessen hatte und er sich also jämmerlich den Magen verdorben hatte.«

Ein solcher Erzähler scheint zugleich eine Vogel- und eine Froschperspektive einzunehmen. Er weiß und sieht einfach alles, als sei er der liebe Gott persönlich. Deshalb wird er der ›allwissende‹ Erzähler genannt. Der Leser muss sich voll auf ihn einlassen und seine Darstellung der Geschichte fraglos akzeptieren. Dieser Perspektive begegnet man vorwiegend in älteren Texten. Der skeptische Leser von heute ist jedoch wenig geneigt, dies zu tun, und so ist diese Erzählform weitgehend aus der Mode gekommen.

Der Sonderfall der ›Kameraperspektive‹

Diese Erzählperspektive entspricht als einzige keiner Gesprächssituation aus unserem Alltag. Sie ist vielmehr aus dem Film und der Fotografie in die Literatur gekommen und beschränkt sich naturgemäß fast ausschließlich auf den Sehsinn. Es geht um eine extrem genaue, an sichtbaren Einzelheiten orientierte Perspektive, die keiner realen oder ausgedachten Person zuzuordnen ist. Als würde eine Kamera alles registrieren, ohne dass man weiß, wer sich hinter ihr befindet.

Man sieht zum Beispiel zunächst lauter Gegenstände: ein Zimmer, die Möbel, die Beleuchtung. Keine Person ist vorhanden, die etwas sagt. Nicht einmal eine Leiche. Die ›Kamera‹ fährt die Details nacheinander ab. So werden eine große Spannung und Erwartungshaltung des Zuschauers erzeugt. In der Literatur ist so etwas möglich durch einfache Beschreibungen von Dingen:

Die Uhr zeigte auf zwei. Die Sonne schien in die Küche. Der Schatten des Fensterkreuzes zeichnete sich ab auf den schwarz-weißen Fliesen. Auf dem Tisch eine weiße Plastikdecke. Unter dem Tisch, halb verborgen, ein Schuh.

 Setze diese Beschreibung um ein paar Zeilen fort.

 Was darf auf keinen Fall in dieser Perspektive vorkommen?⁎

 Warum nicht?⁎

 Und was darf auch nicht vorkommen?⁎

Die Kameraperspektive wird selten durchgängig angewandt, doch man kann sie immer wieder abschnittsweise in Geschichten einsetzen. Sie trägt dann oft viel zur Atmosphäre bei.

Perspektivenwechsel

Um eine Geschichte zu erzählen, hat man immer ein ganzes Sortiment an Blickwinkeln zur Verfügung. Man hat viele Perspektiven zur Auswahl. Wenn man sich aber für eine entschieden hat, dann kann man nicht einfach ohne Weiteres daraus ausscheren und eine andere einnehmen.

Eine Erzählperspektive kann man sich vorstellen wie einen Vertrag, den der Autor mit dem Leser eingeht. Er sorgt dafür, dass der Leser die erzählte Welt ungestört erleben kann. Wenn man den Vertrag bricht, also die Erzählperspektive plötzlich wechselt, indem man von einem Ich auf ein anderes überspringt, wird die innere Beteiligung des Lesers gestört. Ein solcher Wechsel unterläuft manchem Autor unbewusst. Besonders bei Anfängern ist dies einer der häufigsten Fehler. Der Leser ist dann irritiert: Um wen geht es denn dann eigentlich in der Geschichte? Und fragt sich zu recht: Wie viele weitere Blickwinkel mögen wohl noch folgen? Das wird mir zu viel. Das Ergebnis des Perspektivenwechsels ist also: Der Leser verliert die Nähe zu der Geschichte. Und vielleicht damit auch das Interesse an ihr.

Natürlich gibt es kein Gesetz, das den Wechsel der Erzählperspektive im Text grundsätzlich verbietet. Es gibt auch durchaus Ausnahmen, spezielle interessante Fälle, denen du vielleicht irgendwann in deinem zukünftigen Leben als Leser auch begegnen wirst. Solche Wechsel haben aber immer ihren künstlerischen Sinn, und dann stören sie auch nicht die innere Beteiligung des Lesers.

 Um mit den Möglichkeiten der Perspektiven vertrauter zu werden, sollte man viel und aufmerksam lesen. Und zwar alles, was man in die Finger bekommen kann. Nur so kann man die Feinheiten und unterschiedlichen Mittel der Darstellung kennen lernen – und die sind es ja, die besonders viel Spaß machen, wenn man sie selber anwenden kann.

*Auflösungen aus dem 9. Kapitel »Frosch, Vogel oder Schlüsselloch –
Ich, Sie, Er oder Es«*

S. 166
✲*Des Reitens müde, stieg er endlich ab....*

S. 168
✲*Zum Beispiel:*
*Ich wäre am liebsten eine Brennnessel (Pflanze), ein Handy (Gerät),
ein Bikini (Kleidungsstück), eine Nudel (Lebensmittel), ein Wasserbett
(Möbel), eine Spinne (Tier), eine Cola (Flüssigkeit), ein Dompteur (Beruf).*

S. 169
✲*Zum Beispiel:*
Ich bin eine verkannte Currydose ...
Ich bin ein armer, kleiner Elefant, der sich verlaufen hat ...
Ich bin eine Limonade, die man als Flaschenpost auf Reisen geschickt hat ...

S. 175
✲*Zum Beispiel:*
Ach, Mist, dachte sie. Sie hatte noch was vergessen. Der Vogel brauchte Wasser.

S. 176
✲*In der Wendung ›wie gewöhnlich‹. Jemand muss ja schließlich wissen, was normalerweise passiert und was heute anders ist. Also ist da ein Erzähler, der dies
wahrnimmt.*

S. 177
✲*Zum Beispiel:*
(1) Warum will er immer alles so genau wissen.
(2) Eigentlich hatte er überhaupt keine Lust, jetzt spazieren zu gehen.
(3) Na toll. Jetzt nehmen sie mich auch noch zu zweit an die Leine.
✲*(1) ist die Perspektive des Mädchens, (2) des Jungen, (3) des Hundes.*

S. 180
✲*Ein Vergleich wie z. B: »Der Schatten des Fensterkreuzes sah aus wie der
Pfosten eines Fußballtors.*
✲*Den könnte ja nur ein Erzähler machen! Es wäre also ein Perspektivenwechsel.*
✲*Eine Bemerkung, die aus einem anwesenden Bewusstsein stammt. Wie z. B.:
»Die Sonne schien in die Küche, genauso wie schon gestern.«*

10. Geschichten sind wie Häuser

Wir haben diesen Vergleich schon einmal gezogen. Jetzt wollen wir ihn ausbauen und eine richtige Metapher daraus machen: Texte sind Häuser aus Sprache.

Es gibt bekanntlich ganz verschiedene Arten von Häusern, je nachdem welchem Zweck sie dienen: Wohnhäuser, Hochhäuser, Museen, Kirchen, Kasernen, Lagerschuppen, Gewächshäuser, Krankenhäuser, Kaufhäuser, Bahnhöfe, Schlösser, Vogelhäuschen.

 Fallen dir noch mehr ein? Dann schreibe sie auf oder zeichne sie.

Ebenso gibt es alle möglichen Arten von Texten: Kurzgeschichten, Romane, Gedichte, Zeitungsartikel, Sachbücher, Songtexte, Theaterstücke und vieles mehr. Alle sind ganz verschieden in ihrer Art und haben dennoch etwas gemeinsam: Sie bestehen aus dem Baumaterial Sprache.

 Fallen dir noch mehr Textarten ein?*

So wie ein Haus Stein für Stein, Holzbalken für Holzbalken oder aber wie bei Fertighäusern aus vorgefertigten Elementen gebaut wird, entsteht auch das Gebäude eines Textes Wort für Wort, Satz für Satz, Kapitel für Kapitel. Ist das Werk einmal fertig, denkt man nicht mehr an diese Details. Aber sie sind vorhanden und beeinflussen unterschwellig nach wie vor die Qualität eines Hauses bzw. eines Textes.

Häuser können – je nach Typ – auf verschiedene Weise entstehen: Man kann einfach mit viel Fantasie und Lust drauflos bauen wie bei einem Schneehaus, einem Baumhaus, einer Blockhütte. Oder wie ein Architekt arbeiten, der sorgfältig am Reißbrett plant und anschließend die Umsetzung auf der Baustelle betreut. Dann gibt es die dritte Möglichkeit des Fertighauses, das ein einziges Mal sorgfältig geplant und dann immer wieder nach dem gleichen Muster aufgestellt wird.

Auch bei Texten gibt es diese drei Wege: spontanes Schreiben, geplantes Schreiben und Schreiben nach vorgefertigten Mustern. Der letzte Weg wird häufig in der Unterhaltungsliteratur beschritten, bei Krimis, Liebesromanen, Seriendrehbüchern. Diese Fertighäuser interessieren uns hier nicht. Umso mehr die beiden anderen Wege.

Der spontane Weg

Ich habe ein paar ungefähre Vorstellungen davon, worüber ich eine Geschichte schreiben will und fange einfach an. Erst *während* ich schreibe, wird mir allmählich immer deutlicher, was ich eigentlich erzählen will. Die Geschichte nimmt also erst im Verlauf ihrer Entstehung Gestalt an. Nicht nur die Handlung entwickelt sich und wird langsam deutlicher. Das Gleiche gilt auch für die in ihr vorkommenden Personen. Sie gewinnen mehr und mehr Profil und verändern sich dabei möglicherweise. Neue Personen kommen hinzu, andere verschwinden wieder, weil der Autor feststellt, dass er sie für die Geschichte eigentlich gar nicht braucht.

Diese spontane Art, zu schreiben, fällt einem Anfänger meist leichter. Denn er muss sich nicht so sehr schon zu Beginn den Kopf darüber zerbrechen, was genau er erzählen will. Wenn er diesen Weg einschlägt, wird ein zweiter Arbeitsgang notwendig: die Überarbeitung. Denn was spontan entstanden ist, enthält meistens noch viele Fehler, Unstimmigkeiten und Schwächen im Aufbau, also in dem, was man auch die Komposition eines Textes nennt. Deshalb sollte man sich die Geschichte einmal oder sogar mehrmals am besten laut vorlesen und dabei nötige Korrekturen – Ergänzungen, Streichungen, Erweiterungen, Umstellungen – vornehmen. Eine solche Überarbeitung nennt man *Lektorat*. Oft ist es sehr gut, wenn man auch Freunde, Eltern oder andere interessierte Personen am Lektorat beteiligt, sie ebenfalls lesen und Verbesserungsvorschläge machen lässt. Nachdem man alle Korrekturen, die man für sinnvoll hält, eingearbeitet hat, sollte man noch einmal gründlich lesen und dann ganz am Schluss der Geschichte einen passenden Titel geben, der neugierig macht, als nachträgliche Taufurkunde sozusagen.

Der Weg über die Planung der Handlung

Ich habe eine bestimmte Idee zu einer Geschichte und überlege mir nun gründlich, wie ich sie umsetzen kann, welche Handlung und welche Personen zu ihr passen. Vielleicht mache ich mir Notizen oder sogar einen richtigen kleinen Plan für die Handlung und formuliere kleine Personenporträts: wie sie aussehen, welchen Charakter sie haben, welche Wünsche, welche Träume, welche Eigenschaften. Die Handlungsskizze nennt man *Plot*. Erst wenn ich mit meinem Plot und den zu ihm gehörigen Personenentwürfen zufrieden bin, geht das Schreiben richtig los. Ich kann übrigens meistens schon jetzt wegen der gründlichen Vorarbeit der Geschichte einen Titel geben. Beim Schreiben muss ich immer wieder prüfen, ob mein Plot gut ist oder ob ich ihn korrigieren muss. Auch die Personenporträts können sich natürlich ändern.

Diese Art, zu schreiben, erinnert tatsächlich an die Arbeit eines Architekten. Ein solcher Weg zu einer Geschichte ist vielleicht umständlicher, aber meist muss auch weniger überarbeitet werden. Außerdem gibt es einen großen Vorteil gegenüber dem ersten Weg: Da ich ja ziemlich genau weiß, was ich schreiben will, kann ich die Geschichte an mehreren Stellen zugleich ausarbeiten. Ich kann zum Beispiel mit dem Schluss beginnen oder irgendwo mittendrin, je nachdem wozu ich gerade die richtigen Einfälle habe. Das erleichtert die Arbeit manchmal sehr. So ähnlich gehen übrigens auch Maler vor, wenn sie ein Porträt malen. Sie bearbeiten mal den Vordergrund, mal den Hintergrund, mal die Augen, dann wieder eine andere Stelle des Porträts und entwickeln so allmählich die Gesamtkomposition.

Welcher Weg ist der richtige?

Welchen der beiden Wege man einschlägt, hängt davon ab, welche besonderen Talente man hat. Ob man eher ein impulsiver, nicht so zur Ordnung neigender Mensch ist oder ob man gerne vorbereitet und plant, ob man logisch denkt wie ein Schachspieler oder spontan seinen Einfällen folgt.

Es kann aber auch von der Geschichte abhängen, die man schreiben will. Soll es ein Krimi werden, kommt man um eine Planung kaum herum, bei einer ausgedachten Liebesgeschichte kann man sich hingegen mehr auf Einfälle verlassen, die einem erst während des Schreibens kommen. Bei Krimis ist es übrigens oft sinnvoll, mit dem Schluss zu beginnen, die Geschichte von hinten her zu schreiben. Man beschäftigt sich zuerst mit der Auflösung des Rätsels, damit, wer der Mörder ist, und dann entwickelt man die Handlungslinien, die zu dieser Auflösung mehr oder weniger logisch hinführen.

Bei beiden Arten, eine Geschichte zu schreiben, lohnt es sich, schon frühzeitig Ideen, Einfälle, Beobachtungen zu sammeln. Hier wäre dein Notizheft jetzt hilfreich.

Auch die bereits erwähnte ›Recherche‹ (Nachforschung, Ermittlung) ist wichtig. Der Autor braucht Informationen für sein Werk. Beschreitet man den ersten der beiden Wege, wird man während der Arbeit am Text immer wieder Einzelheiten recherchieren müssen. Geht man den zweiten Weg, kann man den Hauptanteil der Recherche bereits vor dem Beginn des Schreibens erledigen. Man hat dann entsprechende Notizen, auf die man dann während der Arbeit jederzeit zurückgreifen kann. Bei einer Recherche versucht man alles Mögliche herauszufinden: das können Namen von Blumen sein oder von Wolkenarten, aber auch historische Hintergründe oder technische Details. Mithilfe von Lexika, Internet-Suchmaschinen oder

Sachbüchern lassen sich die benötigten Informationen beschaffen. Natürlich muss man sie so abwandeln und in den Text einbauen, dass ihre Herkunft nicht mehr erkennbar ist. Das bedeutet, sie müssen sprachlich bearbeitet werden, bis sie stilistisch in die Erzählung passen.

Kommen wir auf die Haus-Text-Metapher zurück: Es ist ein großer Unterschied, ob man etwas baut, um Gegenstände aufzubewahren und gegen Regen und Wind zu schützen oder um Menschen die Möglichkeit zu geben, in den eigenen vier Wänden zu wohnen. Auch die Hausbesitzer wollen natürlich gegen Unwetter geschützt sein, aber sie haben noch andere Ansprüche: Sie wollen sich wohlfühlen, sie wollen essen, schlafen, es sich gemütlich machen, ihre Hobbys ausüben und sie wollen feiern, Weihnachten zum Beispiel. Ein Lagerschuppen wird also ganz anders gebaut sein müssen als ein Wohnhaus, obwohl beide vielleicht aus denselben Materialien bestehen.

Bei Texten ist es nicht anders. Eine Dokumentation soll informieren, eine Gebrauchsanweisung soll erklären, wie etwas funktioniert, eine Bedienungsanleitung, wie man etwas benutzt.

Manche Texte enthalten überwiegend sachliche Informationen – ähnlich wie ein Lagerschuppen Säcke voller Kartoffeln oder eine Garage Autos enthält. Deshalb muss ein solcher Text zweckmäßig und stabil konstruiert sein, außerdem leicht verständlich und übersichtlich. Andere Texte wie Zeitungsartikel oder Essays müssen da schon mehr bieten. Sie müssen klug und einprägsam geschrieben sein. Auch sie enthalten zwar hauptsächlich Informationen, also nichts Erfundenes oder Ausgedachtes. Aber zusätzlich gibt es in ihnen viele Gedanken, Prognosen und Interpretationen von Vorkommnissen in der Welt.

Wieder anders ist es bei Gedichten, Erzählungen, Romanen. Sie gleichen eher verschiedenen Typen von Wohnhäusern, kleinen Katen, Miethäusern, Villen, Reihenhäusern, Palästen oder Schlössern. Ein Gedicht soll komplizierte Vorstellungen oder Stimmungen ausdrücken und den Blick nach innen in die eigene Seele schärfen, eine Erzählung oder ein Roman soll unterhalten, aber zugleich auch den Blick in die Welt erweitern und natürlich nicht zuletzt unsere Selbsterkenntnis fördern. Theaterstücke könnte man am ehesten mit Markthallen vergleichen, in denen viel bunte Ware angeboten und viel geredet wird. All solche künstlerisch gestalteten Texte unterscheiden sich fundamental von Sachtexten. Sie sollen spannend sein oder gruselig oder lustig oder einfach nur schön, und sie sollen zugleich auf eine fast unmerkliche Weise belehren. Dabei geht es weniger um Sachwissen als um eine Steigerung von Fähigkeiten. Durch gute belletristische Literatur, durch Romane, Erzählungen, Gedichte, Theaterstücke, kann ich meine Fähigkeiten, etwas wahrzunehmen und zu begreifen verbessern. Das gilt für meinen Blick auf die Welt, auf andere Personen, auf Landschaften, aber vor allem auch in mich hinein, in meine Seele, meine Persönlichkeit. Das kann eine entscheidende Lebenshilfe sein! Natürlich gibt es reine Unterhaltungsliteratur, die einfach nur spannend ist und Spaß macht. Aber selbst deren Lektüre löst Gedanken aus, die einen weiterbringen können.

Man soll es sich in guten Büchern wohnlich machen können oder eine spezielle Ungemütlichkeit erleben wie in Horrorgeschichten oder Krimis, die uns das Wohlgefühl auf andere Weise bereitet: Was für ein Glück, dass es uns nicht so schlecht geht wie gerade dem armen Helden im finsteren Wald voller böser Geister!

Werfen wir nun einen Blick in ein solches Textgebäude.

Geh durch ein Haus und schreibe auf, was es alles zu sehen gibt. Achte dabei sowohl auf die Einrichtung wie Möbel, Bilder als auch auf die verschiedenen Elemente, aus denen das Haus gebaut wurde.

Was macht ein Haus aus?

Häuser haben unterschiedliche Zimmer. Es gibt reine Zweckräume wie Bad und Hobbykeller. Es gibt Wohnräume, die weniger nüchtern eingerichtet sind. Es gibt Räume wie Küche und Schlafzimmer, die oft auch wohnlich gestaltet sind, sodass sie nicht nur einem bestimmten Zweck dienen. Es gibt fensterlose Räume wie Besen- oder Speisekammer. Es gibt manchmal einen Dachboden voller Gerümpel und einen dunklen Keller, in dem es gruselig sein kann.

Zu den wichtigsten Bauelementen eines Hauses gehören die Fenster und die Türen. Die Türen verbinden die einzelnen Räume miteinander. Die Fenster dienen einem doppelten Zweck. Sie sollen Licht in die Räume lassen, und sie sollen es den Bewohnern erlauben, hinauszusehen in die Welt.

Bei Texten gibt es all das auch. Es gibt Passagen, die mehr der Information dienen (Zweckräume), und solche, die hauptsächlich dem Wohlbefinden der Bewohner dienen (Wohnräume). Es gibt dunkle Ecken, geheimnisvolle Dachböden, finstere Keller. Es gibt helle Räume mit großen Fenstern nach draußen, und es gibt Räume, in denen man besonders gut nachdenken kann, weil es keine Ablenkung gibt. Eine gute Geschichte hat viele solcher verschiedenen Räume. Und die Türen dazwischen sind kleine Überleitungen, die es erlauben, von einem Raum in den nächsten zu gehen.

Wie der Architekt eines Hauses muss sich auch der Autor eines Textes, egal ob er eher plant oder intuitiv schreibt, intensiv mit den Personen beschäftigen, die in dem Haus bzw. dem Text leben werden. Und zwar unabhängig davon, wie sympathisch sie ihm sind.

Es gibt Bücher, die gewissermaßen sehr hell sind, weil sie große Fenster haben. Wenn man sie liest, sieht man Landschaften, Menschen, andere Häuser. Und man begreift vieles plötzlich neu. Das ist, wie wenn etwas hell in einem wird. Es gibt auch Bücher, die wenig oder gar keine Fenster haben, in denen man sich verstecken kann, wo alles im Dunkeln bleibt, wo man wie in einer Zelle gefangen ist. Das kann quälend sein. Aber andererseits kann man, wenn man in einer solchen fensterlosen Kammer eingesperrt ist, besonders gut in sich selbst hineinblicken. Zum Beispiel fallen einem Dinge ein, die man vergessen hatte. Oder man beginnt, sich ›herauszudenken‹ in eine ausgedachte, fantastische Welt hinein.

Wie soll man eine Geschichte aufbauen?

Jeder Text hat einen Anfang. Die ersten Seiten, der erste Absatz, sogar der erste Satz eines Textes sind immer besonders wichtig. Es ist schließlich die Eingangstür zu dem Geschichtenhaus. Sie kann einladend sein, schön bemalt oder verziert. Sie kann durch ihr Aussehen verkünden: Hier wohnen freundliche Leute. Oder hier wohnen einfache Leute. Oder kluge Leute. Sie kann abschreckend wirken wie ein Gefängnistor. Sie kann verschlossen sein, angelehnt oder weit offen. Dem Leser muss beim Durchschreiten dieser Tür deutlich werden, mit welcher Art von geschriebener Welt er es zu tun hat. Ist es ein historischer Roman? Ist er in der Ichform geschrieben wie eine Biografie oder ein Tagebuch? Hat er es mit der Erzählperspektive eines Erzählers zu tun? Spielt der Text in der Vergangenheit, der Gegenwart oder der Zukunft? Verspricht er, spannend zu werden? Geheimnisvoll? Oder einfach schön?

Natürlich muss und soll der Anfang nichts vom eigentlichen Inhalt einer Geschichte verraten. Der erste Satz oder die ersten Sätze treten, was das anbelangt, oft ganz bescheiden auf. Aber wenn es ein guter Geschichtenanfang ist, sorgt er für den entscheidenden kleinen Funken, der den Lesemotor zündet. Der Leser kann nicht mehr aufhören zu lesen.

Anfänge

Hier zunächst einige Beispiele für Romananfänge.

(1) »Tom!«
Keine Antwort.
»Tom!«
Keine Antwort.

»Tom Sawyer« von Mark Twain

(2) Lautlos und ohne Licht glitt der graue
Mercedes heran und blieb stehen. Es war kurz
nach acht. Feiner Nebel zog seinen Schleier um
die Laternen. Die geparkten Wagen waren vereist.

»Der Mädchenmaler« von Monika Feth

(3) Ich schreibe aus vielerlei Gründen.
Nicht zuletzt will ich mir meinen Kummer von
der Seele schreiben. Indem ich die Abenteuer,
die ich zusammen mit Minverva bestanden habe,
noch einmal durchlebe, kann ich vielleicht den
Schmerz unserer Trennung lindern. *»Piraten« von Celia Rees*

(4) Kapitän Horatio Hornblower saß in seiner
Sitzbadewanne und betrachtete angewidert seine
über den Rand hängenden Beine. Sie waren dünn
und behaart und erinnerten ihn an die Beine der
Spinnen, die er in Mittelamerika gesehen hatte.
»Der Kommodore« von C. S. Forester

(5) Es fiel Regen in jener Nacht, ein feiner,
wispernder Regen. Noch viele Jahre später musste
Meggie bloß die Augen schließen und schon hörte
sie ihn, wie winzige Finger, die gegen die Scheibe
klopften. *»Tintenherz« von Cornelia Funke*

(6) An einem Morgen im Mai war Hermann
allein zu Haus. Er stand in der Küche und war
eben dabei, die Umrisse eines Ritters in die Butter
zu ritzen. Dazu wollte er Kakao trinken, mit ganz
viel Kakaopulver und möglichst wenig Milch. So
war das Leben zum Aushalten, fand Hermann. Da
hörte er plötzlich, wie draußen jemand hustete.
»Ein Pferd namens Milchmann« von Hilke Rosenboom

(7)   Scarlett O'Hara war nicht eigentlich schön zu nennen. Wenn aber Männer in ihren Bann gerieten, wie jetzt die Zwillinge Tarleton, so wurden sie dessen meist nicht gewahr.

»Vom Winde verweht« von Margaret Mitchell

(8)   Nennt mich Ismael. Vor einigen Jahren – wie viele es sind, tut nichts zur Sache –, als mein Beutel so gut wie leer war und an Land mich nichts Besonderes hielt, kam mir der Gedanke, ich könnte ein bisschen zur See fahren und mir den wässrigen Teil der Welt besehen.

»Moby Dick« von Hermann Melville

(9)   Als Herr Bilbo Beutlin von Beutelsend ankündigte, dass er demnächst zur Feier seines einundelfzigsten Geburtstages ein besonders prächtiges Fest geben wolle, war des Geredes und der Aufregung in Hobbingen kein Ende.

»Der Herr der Ringe« von J. R. R. Tolkien

(10)   Er kam an einem strahlenden, eiskalten Februarmorgen in Felling an. Es ist noch nicht lange her und doch scheint mir, als sei das alles in einem anderen Leben passiert.

»Lehmann oder Die Versuchung« von David Almond

 Was ist dein Lieblingsanfang? Suche dir einen aus und setze ihn fort. Vier, fünf Sätze genügen.

Besorg dir das Buch und lies nach, wie es der Autor gemacht hat.

Sehen wir uns die zehn Anfänge näher an. Sie führen auf verschiedene Weise in den Text hinein. Es gibt ›schnelle‹ Anfänge. Die Eingangstür zur Geschichte steht weit offen und fällt hinter einem zu, wenn man zu lesen angefangen hat. Man ist gleich mitten im Buch. Ein solcher Anfang ist Nr. 1. Er beginnt damit, dass jemand den Namen des Helden ruft. Schneller geht es nicht! Wir wollen ihn den Typ A nennen.

Auch die Nr. 6 ist ein schneller Anfang. Eine scheinbar belanglose Szene mündet in den spannungserzeugenden Satz: »Da hörte er plötzlich, wie draußen jemand hustete.«

Zu einem schnellen Anfang ganz anderer Art hat der Autor von Nr. 8 gegriffen. In einem äußerst knappen Satz stellt sich der Held des Romans selber vor. Damit steht fest, dass es sich um einen Roman in der Ichperspektive handelt. Raffiniert ist die Tatsache, dass der Held seinen Namen als bloße Möglichkeit darstellt: »Nennt mich ...«. Er könnte also auch ganz anders heißen. Wichtig ist, dass man jetzt auf seine Geschichte neugierig geworden ist. Die beginnt dann deutlich verlangsamt mit einer Rückblende.

Nr. 3 ist typisch für die Ichperspektive. Auch bei diesem Anfang stellt sich der Held der Geschichte vor, aber nicht mit seinem Namen, sondern mit seinen Gefühlen. Man findet ihn als Leser sofort sympathisch und will jetzt wissen, was er für ein abenteuerliches Schicksal hat. Solche auf ein Roman-Ich konzentrierten Anfänge zählen wir zu Typ B.

Die Anfänge 4 und 9 sind klassische Anfänge der Romanliteratur. Sie sind erheblich langsamer, denn sie stellen den Helden auf eine ruhige Art vor, z. B. mithilfe einer Erinnerung, die sich mit einer Wahrnehmung eng verknüpft (Regen) oder mit seinem Namen und einem Vorhaben. Auch Nr. 10 gehört zu diesem Typ. Hier wird zusätzlich eine Spannung durch die Bemerkung des Icherzählers, wie fremd ihm das alles vorkomme, erzeugt. Die Sprache ist sehr knapp. Diese Nüchternheit verstärkt die Stimmung des Geheimnisvollen besser, als es Formulierungen könnten, die diesen Eindruck direkt ansprechen würden. Dies ist Typ C.

Nr. 7 ist der sehr langsame Anfang eines berühmten und verfilmten Bestsellers, geschrieben in den Dreißigerjahren des letzten Jahrhunderts. Die Langsamkeit entsteht dadurch, dass die Autorin wie eine allwissende Erzählerin mit der Charakterisierung ihrer Heldin beginnt. Ein solcher Anfang ist heute selten geworden. Man würde es heute lieber dem Leser überlassen, sich allmählich ein Bild von den Charaktereigenschaften der Hauptfigur zu machen. Dies ist Typ D.

Die Romananfänge Nr. 2 und Nr. 5 setzen vor allem auf Atmosphäre. Sie beschreiben Details, Wahrnehmungen, bei denen der Leser noch nicht weiß, welche Rolle sie für die Handlung spielen werden. Gerade dadurch entsteht der Lesesog. Es ist ein Typ, der im Gegensatz zu früheren Zeiten heute sehr beliebt und weit verbreitet ist (Typ E).

 Probier alle fünf Typen von Anfängen aus, indem du dir zwei kleine Szenen ausdenkst, z. B.: Ein Junge oder ein Mädchen verlässt das Haus und kommt nicht wieder.

Schlüsse

Die Schlüsse von Geschichten sind von geringerer Bedeutung als die Anfänge. Wenn das Werk gut war, verzeiht man ihm jedes Ende, außer, dass das Buch zu Ende ist und es überhaupt einen Schluss geben muss! Schlüsse können endgültig sein oder auch sehr offen.

Zwei Beispiele für einen entschiedenen Schluss:

Nach all der Zeit weiß ich genau, wohin ich gehöre. Hierher. Zu Edmond.
Und so lebe ich jetzt. *»So lebe ich jetzt« von Meg Rosoff*

Am zweiten Tage kam ein Segel näher und nahm mich endlich auf. Es war die schweifend kreuzende ›Rahel‹, die immer noch ihre verlorenen Kinder suchte, aber nur einen anderen Verwaisten fand. *»Moby Dick« von Hermann Melville*

Ein solches Ende ist ein echter Schlusspunkt. Das Buch ist wirklich zu Ende. So wird es oft auch bei Krimis gemacht. Der Fall ist schließlich gelöst, und Autor und Leser verlassen das Haus des Textes, indem sie die Tür hinter sich zuschlagen.

Eine besondere Spielart eines solchen ›echten‹ Schlusses sind letzte Sätze, die ein Fazit ziehen, eine Art Resümee des Buches. Das ist heikel, denn solche Sätze wirken auf den Leser leicht belehrend. Sie sind deshalb auch ziemlich aus der Mode gekommen. Früher war das anders. Man las Bücher nicht nur zur Unterhaltung sondern hauptsächlich auch zur Belehrung und um seine Neugier zu stillen. Deshalb war es ganz normal, wenn sich ein Buch am Ende mit ›der Moral von der Geschicht‹ direkt an den Leser wandte. Etwa so: »Und daran siehst du, lieber Leser, dass Schönheit immer vergänglich ist.«

Hier eine weitere Form eines echten Schlusses: Die letzten Sätze enden in einer Pointe, einem Paukenschlag, der einfach keine Fortsetzung der Geschichte erlaubt:

»Alle tot«, flüsterte die Königin.
Und dann schwiegen sie und blickten dem fernen Gebirge entgegen. *»Die fließende Königin« von Kai Meyer*

Andere Schlüsse sind weniger entschieden wie z. B. dieser:
Dann setzte sie eine Sonnenbrille auf und hob den Kopf zum blauen Himmel. Während sie davonging, begann sie leise zu singen: »Sunshine ...You are my sunshine ....«
»Tunnel. Das Licht der Finsternis« von Roderick Gordon/Brian Williams

Es gibt auch richtig offene Schlüsse. Der Text bricht einfach ab, in extremen Fällen sogar mitten im Satz. Nicht etwa, weil der Autor faul ist oder nicht mehr weiterweiß. Der Stab wird wie beim Staffellauf bewusst an den Leser übergeben. Er soll das Buch innerlich weiterschreiben. Solche offenen Schlüsse eignen sich besonders für kürzere Texte, Erzählungen und Novellen. Ein besonders schönes Beispiel hierfür ist die Geschichte »Der alte Mann und das Meer« von Ernest Hemingway (1899–1961). In dieser verletzt sich ein alter Mann schwer bei dem vergeblichen Versuch, einen großen Fisch zu fangen. Vielleicht wird er sterben, vielleicht aber auch nicht:
Der alte Mann in seiner Hütte oben an der Straße schlief wieder. Er schlief immer noch mit dem Gesicht nach unten, und der Junge saß neben ihm und gab auf ihn acht. Der alte Mann träumte von den Löwen.

Zwei andere Beispiele für offene Schlüsse:

Dann hörte er Tabbi rufen, ihre Stimme schallte über den Hof.
»Jonas!«, rief sie. »Jonas!«
Er kam von weit her.
»Das Essen ist fertig!«

»Die unwahrscheinliche Reise des Jonas Nichts« von Wieland Freund

Er stand auf dem Bahnsteig und schaute in die falsche Richtung. Ich ging langsam auf ihn zu, meine Beine waren leicht.

»Charlottes Traum« von Gabi Kreslehner

 Probiere verschiedene Schlüsse aus zu der Geschichte, deren Anfänge du vorhin geschrieben hast.

Es gibt kein Grundrezept …

Für das eigentliche Werk zwischen Anfang und Schluss gibt es keine Regeln, höchstens Empfehlungen. Man sollte z. B. die Erzählperspektive und die Zeitform des Anfangs beibehalten und nur ändern, wenn man damit eine bestimmte Absicht verfolgt. Man sollte sich auch davor hüten, zu viel zu recherchieren. Manchmal können zu viele Fakten einem Text den Atem, die Leichtigkeit rauben.

Die meisten längeren Texte sind in Abschnitte oder Kapitel untergliedert. Das ermöglicht es dem Autor, sich auf kleinere Teile zu konzentrieren und sie so lange zu bearbeiten, bis sie ihm als gelungen erscheinen. Diese Abschnitte gleichen Zimmern in einem gro-

ßen Haus. Zwischen ihnen gibt es wieder Türen, das sind die An-
fangs- und Schlusszeilen eines Kapitels. Sätze wie »Zwei Tage später ...« oder »Als er glaubte, dass schon alles zu Ende war ...« bilden
einen Auftakt, einen kleinen Neuanfang oder eine Wende der Handlung. Eine solche Gliederung erleichtert die Arbeit an großen Romanen sehr.

... aber wichtige Zutaten

Nun zu den einzelnen ›Zutaten‹, die man braucht um einen Roman
oder eine Geschichte zu schreiben: Personen, Handlung, Orte, Dialog, Erzählperspektive, Verwicklung/Konflikt.

Personen

Es empfiehlt sich, mit einer Figur zu beginnen. Denn hat man eine
Person, dann entsteht automatisch eine Handlung. Irgendetwas
muss die Person ja tun. Und sei es auch nur, dass sie schläft, wie in
dem Roman »Oblomow« des russischen Autors Iwan Gontscharow
(1812–1891). Der Held liegt die ganze Zeit im Bett und schläft meistens. Auch das kann eine ganze Romanhandlung ausmachen.

Aussehen, Vorlieben und Eigenschaften von Personen sind wichtig für eine Geschichte. Dabei spielt es keine Rolle, ob sie schön oder
hässlich, groß oder klein, jung oder alt, bedeutend oder unbedeu-
tend sind. Auch moralische Eigenschaften werden vom Autor nicht
beurteilt, sondern für seine Geschichte eingesetzt. Es wird natürlich
oft versucht, sich strahlende Helden und besonders böse Bösewichte
auszudenken und die Handlung auf ihren Kampf aufzubauen, wie
es zum Beispiel J. R. R. Tolkien macht in »Der Herr der Ringe«. Doch

längst gibt es auch den Antihelden, den Menschen, der in kein solches Schema passt, aber der doch sehr differenziert fühlen und handeln kann. Viele Geschichten und Romane erzählen nicht den Wettstreit von Gut und Böse, sondern gestalten weniger simple Auseinandersetzungen, zum Beispiel die Konflikte zwischen Vätern und Söhnen, Müttern und Töchtern, Männern und Frauen. Glück, Freundschaft und Liebe sind denkbare Themen, obwohl es meistens schwieriger ist, sie spannend zu gestalten als Themen wie Verlust, Enttäuschung, Kummer.

Ein oft bearbeiteter Stoff ist der mühsame Aufstieg eines Helden oder einer Heldin aus schwierigen Verhältnissen hin zum Erfolg, der klassische Bildungs- oder Entwicklungsroman. In diesem Zusammenhang ist es wichtig, ob man sich vornimmt, eine Geschichte glücklich, mit einem Happy End ausklingen zu lassen oder tragisch oder aber, was auch eine gute Möglichkeit ist, offen. Dann weiß man nicht, ob die Hauptfigur die erreichte Position wird halten können.

Eines aber ist auf jeden Fall wichtig bei der Gestaltung von Romanfiguren: Als Autor bist du ihr Schöpfer, ihr Erzeuger, und deshalb musst du sie alle liebevoll behandeln, egal wie sie sind, ob Versager, ob Bösewicht, ob Held, ob Randfigur. Eine gute Geschichte lebt davon, dass alle Personen gut und ohne Schwarz-Weiß-Malerei beschrieben werden, unabhängig von ihren moralischen Qualitäten oder ihren charakterlichen Eigenschaften. Das gilt für einen moralisch vorbildlichen Menschen genauso wie für einen Fiesling, für einen langweiligen Menschen ebenso wie für einen interessanten. Du wirst übrigens merken: Personen mit negativen Eigenschaften lassen sich oft besser beschreiben als edle Menschen.

Handlung

Handlungen können interessant oder auch belanglos sein und doch durch eine gute Sprache zu großer Form auflaufen. Gewöhnlich ist eine Handlung chronologisch aufgebaut, so wie die wirkliche Zeit. Doch das muss nicht durchgängig so sein. Es gibt viele Möglichkeiten der Gestaltung: Vorausdeutungen und, ungleich wichtiger, *Rückblenden*. Mit diesen wird das übliche Nacheinander der Geschehnisse verlassen. Die Geschichte springt um Stunden, Tage, oder sogar Jahre zurück. In den Text eingebunden werden solche Rückblenden durch Sätze wie diese: »Damals hatte er zum ersten Mal gemerkt, dass ihn seine Mutter angelogen hatte. Er war zehn Jahre alt und Weihnachten stand vor der Tür ...« Solche Rückblenden können sehr nützlich sein, wenn man die Geschichte eines ganzen Lebens erzählen will. Würde man sich streng an die Chronologie halten, würde das Buch viel zu dick. Rückblenden dienen also der Straffung einer Geschichte und nicht, wie man meinen könnte, ihrer Verlängerung.

Früher gab es Regeln dafür, wie eine Handlung am besten aufgebaut sein soll. Doch Begriffe wie Exposition (die Vorbereitung der Ereignisse), Höhepunkt, Wendepunkt sind heute veraltet. Man ist als Autor völlig frei, wie man die Handlung führt. Auch Abschweifungen sind erlaubt. Hier lassen sich alle möglichen Gedanken, Einfälle, Ideen unterbringen.

Mit der Abschweifung verwandt ist die Wiederholung. Auch sie trägt nichts zur Entwicklung der Handlung bei. Deshalb wird sie meistens als Fehler eingestuft und möglichst vermieden. Es gibt aber Fälle, in denen die Wiederholung durchaus ihren Sinn hat. Man kann so verhindern, dass eine wichtige Textstelle in Vergessenheit gerät. Man kann auch eine Person dadurch charakterisieren, dass sie sich wiederholt und beispielsweise immer wieder das Gleiche denkt. In früheren Zeiten waren solche Abschweifungen sehr beliebt – in einer Zeit, als es noch kein Fernsehen mit seinen vielen Reportagen gab und kein Internet, das Informationen zu allen möglichen Themen blitzschnell zur Verfügung stellt. Die Romanschreiber sorgten mit ihren Abschweifungen oft dafür, dass diese Neugier der Leser gegenüber der Welt bedient wurde.

Orte

Als Nächstes braucht man natürlich einen Ort, an dem die Person sich aufhält. Denn niemand bewegt sich einfach im luftleeren Raum. Der Ort kann ein eigenständiger Teil des Romans werden. Dann spielt er eine große Rolle. Er kann auch nur den Rahmen für die Handlung bilden. Er kann äußerlich spiegeln, was im Innern der Figur vorgeht. Und er kann im Gegensatz dazu stehen. Er kann auch wechseln, wie bei einem Reiseroman oder der Geschichte einer Entdeckung, und damit zum Träger der Handlung werden.

Dialog

In den wenigsten Geschichten tritt nur eine Person auf. In der Regel kommen andere hinzu. Sie sprechen miteinander, es entstehen Rede und Gegenrede, Dialoge. Dialoge treiben nicht nur die Handlung an, sie sind auch wichtig für die Charakterisierung von Personen. Wie jemand redet, auf welche Weise er fragt und antwortet, das sagt oft viel aus über sein Wesen. Deshalb sollte man beim Schreiben von Dialogen darauf achten, dass sie sowohl lebendig wirken als auch im Stil der jeweiligen Person entsprechen.

Erzählperspektive

Was wirklich in den Personen vorgeht, kann etwas anderes sein, als das was sie aussprechen. Bei einer entsprechenden Erzählperspektive lässt sich das dem Leser auch mitteilen. Ein innerer Monolog zum Beispiel verrät die Gedanken einer Person völlig ehrlich, denn man will sich ja möglichst nicht selbst belügen. Bei der Erzählperspektive, die eine Geschichte aus der Er/Sie/Es-Sicht darstellt, lassen sich leicht Hinweise einbauen wie z. B.: »In Wirklichkeit dachte sie gar nicht daran, fortzugehen.« So lässt sich der Widerspruch zwischen dem Verhalten und den inneren Gefühlen und Gedanken einer Person zum Ausdruck bringen.

Verwicklung / Konflikt

Sobald mehrere Personen auftreten, entstehen Beziehungen zwischen ihnen. Sie können ganz verschiedener Natur sein: Es kann eine Freundschaft sein, Liebe, es kann aber auch Streit, Verrat, Missverständnisse oder Betrug geben. Dies sind die Konflikte, die die Geschichte tragen. Je nach Konflikt wird die Richtung bestimmt, in welche die Geschichte sich weiterentwickelt und wie die Figuren handeln. Aber nicht nur echte Konflikte können eine Handlung vorantreiben, auch Verwicklungen sind hierzu sehr geeignet. Man verpasst sich um Minuten, man täuscht sich über die wahren Absichten eines anderen, man irrt sich in der Tür. Das Feld möglicher Verwicklungen ist riesengroß. Was Konflikte und Verwicklungen gemeinsam haben: Die Schwierigkeiten, die sie hervorbringen, lassen sich überwinden, auflösen. Ein *Happy End* wäre überhaupt nicht denkbar, ohne dass ihm eine lange Kette von Problemen vorausgeht.

Gourmetrezept für eine kurze Geschichte

Jetzt bieten wir dir ein kurzes Rezept für eine kurze Geschichte, die es in sich hat:

 Hierfür schreibst du nur fünf Sätze. Vielleicht so kurz, dass sie in nur fünf Zeilen passen. Die Sätze können aber auch länger sein. Am Ende dieser fünf Sätze hast du eine Szene, vielleicht schon eine fertige Geschichte. Oder du hast den Anfang für eine Geschichte, die neugierig macht, wie es weitergeht.

Du brauchst folgende Vorbereitung: Denke dir eine Person aus. Sie kann frei erfunden sein. Oder du denkst an eine Person, die du gut kennst. Nun stelle dir einen Ort vor, an dem die Person sich aufhält.

Jetzt geht es los:

(1) Beschreibe die Hände deiner Person.

(2) Beschreibe etwas, das er oder sie mit den Händen tut.

(3) Gebrauche einen bildhaften Vergleich, um etwas Charakteristisches über den Ort der Handlung zu sagen. Sei ruhig wortgewaltig.

(4) Jetzt schreib auf, was du diese Person (im Zusammenhang mit (2) und (3) fragen würdest.

(5) Die Person blickt auf, vielleicht zu dir hin, nimmt dich jetzt erst wahr und gibt dir eine Antwort. Aus der Antwort geht hervor, dass sie nur einen Teil von dem verstanden hat, was du gefragt hast.

Der Schneemanneffekt

Wenn alles gut läuft bei der Arbeit an einer Geschichte, setzt irgendwann etwas Erstaunliches ein: Der Text beginnt, selber mitzuschreiben. Er entwickelt seine eigene Kraft. In besonderen Glücksfällen ist das wie bei einer Lawine. Der kleine Schneeball vom Anfang entwickelt sich immer schneller zu einer gewaltigen Schneemasse. Dann ist es sogar für den Autor schwierig, noch bremsend oder gestaltend einzugreifen. So etwas ist allerdings sehr, sehr selten. Ein anderer Effekt ist häufiger: der Schneemanneffekt. Um einen Schneemann zu bauen, rollt man anfangs bekanntlich eine kleine Schneekugel. Haftet Schnee gut an ihr, wird sie bei jeder Umdrehung größer, und dann noch größer, und das immer schneller. Allerdings wird das Rollen dann auch immer anstrengender, weil mehr Masse bewegt werden muss. Wenn du beim Schreiben spürst, dass genau das passiert, dann hast du Glück gehabt, auch wenn du vielleicht unter der Aufgabe stöhnst. Deine Einfälle werden plötzlich immer besser, die Sätze ergeben manchmal wie von selbst einen Zusammenhang, die Personen, die du beschreibst, beginnen richtig zu leben. Ihre Gespräche klingen immer weniger künstlich. Jetzt ist man mittendrin. Man ist dabei, zusammen mit seiner Geschichte eine gute Geschichte zu schreiben!

Wenn man sich aber zu sehr überwinden, vielleicht sogar quälen muss, wenn einem nichts mehr einfällt oder man die Lust verliert, sollte man unbedingt eine Pause machen. Irgendwohin spazieren, ein Buch lesen, Musik hören, ins Kino gehen, Sport treiben oder alles einfach überschlafen. Manchmal ist es sogar empfehlenswert, einen Text über sehr lange Zeit liegen zu lassen. Wenn man ihn wieder liest, ist er vielleicht so fremd geworden, dass die Neugier wieder geweckt wird, ihn zu überarbeiten und fortzusetzen.

Hilfreich ist es manchmal auch, mit anderen über den Text zu diskutieren, an dem man schreibt, doch Vorsicht: hierbei kann auch leicht etwas zerredet werden. Was auf jeden Fall inspiriert: viele andere Bücher lesen. Das kann ungeheuer bereichern, und man bekommt neuen Elan, die eigene Geschichte fortzusetzen.

Und nun ist es so weit. Nimm ein Blatt Papier und einen Stift oder setz dich an deinen Laptop und fang an. Überlege, ob es eine dunkle oder eine helle Geschichte werden soll, eine mit vielen Räumen oder vielleicht nur mit einem einzigen Raum. Wessen Geschichte willst du erzählen? Deine eigene? Die eines Einzelgängers? Eines Liebespaares? Eines Bösewichts? Eines Versagers? Eines Hundes? Denk daran, dein Text muss überzeugend sein. Das heißt aber nicht, dass alles stimmen muss, was du schreibst. Überzeugend bedeutet nicht realistisch! Auch Verrücktes kann überzeugen. Hauptsache, es ist gut geschrieben. Viel Glück!

Auflösungen aus dem 10. Kapitel »Geschichten sind wie Häuser«

S. 183
*Zum Beispiel:
Rezepte, Lieder, Gebrauchsanweisungen, Witze, Gebete, Sprüche.*

Quellenverzeichnis

S. 15 Marcel Proust, *Die Vokale* (nach einer Übersetzung von Walther Küchler)

S. 19 Christa Hein, *Spitz und Spatz*

S. 39 Lewis Carroll *Jabberwocky* (nach einer Übersetzung von Robert Scott)

S. 46 Rose aus: Gertrude Stein, *Geography and Plays,* Something Else Press / USA 1968

S. 48 aus: Alexander von Humboldt, *Kosmos,* Eichborn Verlag / Frankfurt am Main 2004

S. 49 aus: Clemens Brentano, *Gockel, Hinkel und Gackeleia.* Ein Mährchen: Ein Märchen. Frankfurt 1838, Deutscher Taschenbuchverlag / München 1998

S. 54 Definition zitiert nach: *Meyers Enzyklopädisches Lexikon,* Bd. 3, Bibliographisches Institut / Mannheim 1971

S. 81 Henning Boëtius, Greguerias-Beispiele

S. 114 Christa Hein, *Ein Abend im Mietshaus*

S. 116 aus: Marcel Proust, *In Swanns Welt* © Suhrkamp Verlag / Frankfurt am Main 1953 (übers. von Eva Rechel-Mertens)

S. 135 aus: Robert Louis Stevenson, *Die Abenteuer des David Balfour. Die Entführung. Catriona* Deutscher Taschenbuch Verlag / München 1983 (übers. von Michael Walter)

S. 139 The Red Wheelbarrow zitiert nach: William Carlos Williams, *Selected Poems, New Directions* / USA 1985 (ins Deutsche übertragen von Christa Hein)

S. 139 f. aus: Hugo von Hofmannsthal, *Der Brief des Lord Chandos: Schriften zur Literatur, Kultur und Geschichte* Reclam Verlag / Ditzingen 2000

S. 155 Textbeispiele entnommen aus: Gustav René Hocke, *Manierismus in der Literatur. Sprach-Alchimie und esoterische Kombinationskunst,* Rowohlt Verlag / Reinbek 1959

S. 164 f. aus: Gottfried August Bürger, *Wunderbare Reisen zu Wasser und zu Lande – Feldzüge und lustige Abenteuer des Freiherrn von Münchhausen,* Reclam Verlag / Ditzingen 2004

S. 177 aus: Franz Kafka, *Die großen Erzählungen,* Suhrkamp Verlag / Frankfurt am Main 2008

S. 192 aus: Mark Twain, *Tom Sawyer,* C. Bertelsmann Jugendbuchverlag / München 2007 (deutsche Bearb. von Susanne Bestmann)

Ebd. aus: Monika Feth, *Der Mädchenmaler,* C. Bertelsmann Jugendbuchverlag / München 2005

S. 193 aus: Celia Rees, *Piraten,* Verlag Bloomsbury / Berlin 2007 (übers. von Monika Schmalz)

Ebd. aus: C. S. Forester, *Hornblower - Der Kommodore*, Ullstein Taschenbuch Verlag / Berlin 2007 (übers. von Fritz von Bothmer)

Ebd. aus: Cornelia Funke, *Tintenherz*, Verlag Cecilie Dressler / Hamburg 2003

Ebd. aus: Hilke Rosenboom, *Ein Pferd namens Milchmann*, Carlsen Verlag / Hamburg 2005

S. 194 aus: Margaret Mitchell, *Vom Winde verweht*, Ullstein Taschenbuch Verlag / Berlin 2004 (übers. von Martin Schwarzbach-Beheim)

Ebd. aus: Hermann Melville, *Moby Dick*, Insel Verlag / Frankfurt am Main 2006 (übers. von Alice und Hans Seiffert)

Ebd. aus: J. R. R. Tolkien, *Der Herr der Ringe*, Verlag Klett-Cotta / Stuttgart 2000 (übers. von Margaret Carroux)

Ebd. aus: David Almond, *Lehmann oder Die Versuchung*, Verlag Carl Hanser / München 2007 (übers. von Ulli und Herbert Günther)

S. 197 aus: Meg Rosoff, *So lebe ich jetzt*, Carlsen Verlag / Hamburg 2005 (übers. von Brigitte Jakobeit)

Ebd. aus: Hermann Melville, *Moby Dick*, Deutscher Taschenbuchverlag / München 2003 (s.o.)

S. 198 aus: Kai Meyer, *Die fließende Königin*, Loewe Verlag / Bindlach 2001

Ebd. aus: Roderick Gordon / Brian Williams, *Tunnel. Das Licht der Finsternis,* Arena Verlag / Würzburg 2008 (übers. von Franca Fritz/Heinrich Koop)

Ebd. aus: Ernest Hemingway, *Der alte Mann und das Meer*, Rowohlt Verlag / Reinbek 1952, 1997 (einzig autorisierte Übers. von Annemarie Horschitz- Horst)

S. 199 aus: Wieland Freund, *Die unwahrscheinliche Reise des Jonas Nichts*, Verlag Beltz & Gelberg / Weinheim 2008

Ebd. aus: Gabi Kreslehner, *Charlottes Traum*, Verlag Beltz & Gelberg / Weinheim 2009

Volksweisen, bzw. anonym überlieferte Lieder, Zungenbrecher und Zaubersprüche: *S. 14, 31-35*

Alle anderen Sprachbeispiele und Texte stammen von den Autoren Christa Hein und Henning Boëtius.

Die Zeichnung auf S. 110 basiert auf dem Bild *My Wife and My Mother-In-Law* von William Ely Hill.

Halli Hallo Halunken, die Fische sind ertrunken!
Das große Familien-Liederbuch. Mit farbigen Bildern von Sybille Hein
Herausgegeben von Petra Albers und Stefanie Schweizer
Gebunden, 176 Seiten (79959)

Das neue Familien-Liederbuch mit zauberhaften Bildern von
Sybille Hein. Ein echter Schatz und unverzichtbarer Begleiter für alle,
die Lust haben miteinander zu singen und zu spielen.

170 bekannte und beliebte, neue und witzige, freche und zärtliche Lieder
für jede Jahreszeit und jeden Anlass: zum Aufwachen und Einschlafen,
zu Weihnachten und zum Geburtstag, zum Tanzen und Spielen, zum
Verreisen, Träumen und Lachen. Sybille Hein hat dazu eine Bilderwelt
voller Wunder geschaffen.

Einfache Notensätze und Gitarrengriffe
Viele kreative Sprach- und Bewegungsspiele zur Liedbegleitung
Ausgewählte Lieder mit Klaviernoten zum Anhören und Downloaden
unter www.halli-hallo-halunken.de

»Damit sind Sie über die Weihnachtsfeiertage hinaus für Geburtstag,
Fasching oder Ostern gut gerüstet.« *freundin*

»Bei jeder Seite, die man wendet, kitzelt es förmlich in der Kehle,
so dringend möchte man lossingen.« *Badische Neueste Nachrichten*

www.beltz.de
Beltz & Gelberg, Postfach 1001 54, 69441 Weinheim

Wieland Freund
Die unwahrscheinliche Reise des Jonas Nichts
Roman
Gebunden, 520 Seiten (79925)
Gulliver, 520 Seiten (74112)

»Egal wer dich fragt! Du bist nicht zwölf. Du bist 13!«
… liest Jonas Nichts auf einem Zettel, den ihm der stumme Diener Ruben
zusteckt. »Ich beschütze dich.« Und das wäre gut, denn seit Jonas Nichts
das sonderbare Herrenhaus Wunderlich geerbt hat, trachtet ihm jemand
nach dem Leben. Vor einem Anschlag flüchtet er und Ruben in das frühere
Spielzimmer der verstorbenen Baronin Clara – und finden sich unversehens
in Kanaria wieder, einem von seltsamen Gestalten und Fabelwesen
bevölkerten Land. Laut einer Prophezeiung wird ein Zwölfjähriger die
herzlose Kaiserin stürzen. Jonas Nichts ist in großer Gefahr …

»Die fantastische Geschichte von Jonas Nichts, Ole Mond und Ruben
ist raffiniert und fesselnd bis zur letzten Seite.« *bücher*

»Wieland Freunds Buch ist eine Hymne an die eigene
Vorstellungskraft.« *Buchjournal*

»Wieland Freund erzählt die Geschichte seines Helden mit einer
Fabulierlust, die den Leser ein ums andere Mal überrumpelt, und einer
Eleganz, die bis zur letzten Seite blendet.«
Frankfurter Allgemeine Zeitung

www.beltz.de
Beltz & Gelberg, Postfach 10 01 54, 69441 Weinheim

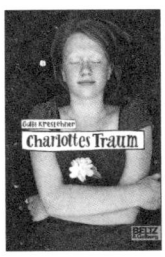

Gabi Kreslehner
Charlottes Traum
Roman
Klappenbroschur, 120 Seiten (81054)

Peter-Härtling-Preis
Jugendliteraturpreis des Landes Steiermark
Kinder- und Jugendbuchpreis der Stadt Oldenburg
Hans-im-Glück-Preis, Die Besten 7

»So also, dachte ich, ist das jetzt. Und ließ es. Ihn und mich und
die Liebe. Und sprang weit. Und hoch.« So beginnt der Sommer, in dem
Charlotte der Liebe begegnet.

»In ihrem Debüt gelingt Kreslehner eine meisterliche Authentizität
mit ihren Figuren, Szenarien und Sprachwelten. Charlotte erzählt
bockig, fluchend, witzig, dann Schwindel erregend tief und tastend von
ihren Gefühlen.« *Eselsohr*

»Es ist eine sensible, verletzliche Heldin, die Kreslehner auf
unverwechselbare Weise erzählen lässt: sehr emotional, treffend und
ehrlich, mal spröde, fast derb, dann wieder sehr poetisch und bei aller
Schwere doch leicht.« *Buch + Maus*

»Was da auf leisen Sohlen daherkommt, nimmt wie kaum eine andere
Geschichte die Liebe an sich so ernst, und bleibt auch beim zweiten,
dritten, vierten Lesen so frisch wie beim ersten Mal.« *1000 und 1 Buch*

www.beltz.de
Beltz & Gelberg, Postfach 100154, 69441 Weinheim

Mirjam Pressler
Novemberkatzen
Wenn das Glück kommt, muss man ihm einen Stuhl hinstellen
2 Romane in einem Band
Gebunden, 432 Seiten (79970)
Deutscher Jugendliteraturpreis

Mirjam Pressler ist eine wunderbare Erzählerin.
Zwei ihrer schönsten und beliebtesten Romane – beide autobiographisch
geprägt – erscheinen nun erstmals in einem Band. Zusammen mit ihrer
berühmten Rede »Eine Orchidee blüht im Continen-Tal«, in der sie von
ihren eigenen Leseerlebnissen erzählt: »Ohne Bücher ist die Welt so eng.«

»Das Wunderbare an diesem poetischen Buch *Wenn das Glück kommt,
muss man ihm einen Stuhl hinstellen* ist Halinkas Optimismus – eine
Heldin, die in schwierigen Lebensumständen Vorbild sein kann.«
Brigitte

»Poetischer als Mirjam Pressler kann man kaum begründen, warum
Geschichten erzählt werden müssen.«   *Literarische Welt*

www.beltz.de
Beltz & Gelberg, Postfach 100154, 69441 Weinheim

Wieland Freund
Der schwarze Karfunkel
Der Geist von Zweiseelen
Gebunden, 160 Seiten (79969)

»Schließlich kroch der Dämon in den Salon. Grausig zischend strich er an
den Regalen entlang. Doch das Grausigste war, dass Anders wusste,
was er suchte.«

Seit der Graf von Zweiseelen den schwarzen Karfunkel mitgebracht hat,
plagen den Jungen Anders furchtbare Albträume. Denn mit dem Edelstein
kam auch das Unglück nach Zweiseelen: Unheimliche Lichter irren
umher, geheimnisvolle Bücher tauchen aus dem Nichts auf. Hat Pater
Bram etwas damit zu tun? Warum taucht gerade jetzt die furchtlose
Thekla auf? Anders weiß, dass er dem Geheimnis des Karfunkels
nachspüren muss …

»Einer der literarisch raffiniertesten Kinderbuchautoren Deutschlands.«
Focus Online

»Freund erzählt temporeich, spannend, realistisch und mit
hintergründigem Humor. Eine mitreißende Lektüre.«   *WAZ*

www.beltz.de
Beltz & Gelberg, Postfach 1001 54, 69441 Weinheim